Stöppel · Freizeitführer 969

Ute und Peter Freier

Hohenloher Land Taubertal

Übersichtskarte

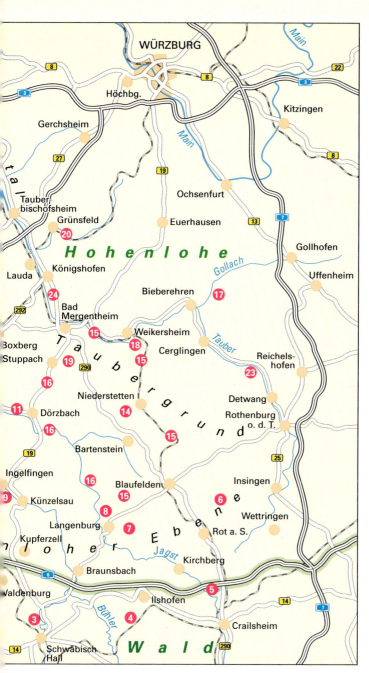

Die roten Ziffern entsprechen den Touren-Nummern dieses Buches.

Trotz größter Sorgfalt bei Recherche und Zusammenstellung der Touren in diesem Buch können Autoren und Verlag keine Gewähr für die gemachten Angaben übernehmen.

Bildnachweis:
Ute Mittelstädt, Tübingen (S. 55, 134). - Ute u. Peter Freier, Neuffen (alle übrigen Fotos)

© 1996 Stöppel Verlag, D-82362 Weilheim

Redaktion: H.-H. Rohlfs, Herrsching
Karten: Computerkartographie Carrle, Schondorf a.A.
DTP: Robert Stöppel, Weilheim; H.-H. Rohlfs, Herrsching
Herstellung: Das Grüne Atelier, Holzkirchen
Lithos: Lorenz & Zeller, Inning a.A.
Druck: EOS, St. Ottilien
Printed in Germany

ISBN: 3-89306-069-3

Inhalt

Übersichtskarte 2/3
Symbolerklärung 6
Einleitung 7
Kartenlegende 10

Die Touren

1   Von der ehemaligen Residenzstadt Öhringen 12
    zum Jagdschloß Friedrichsruhe (31 km)

2   Zum Wasserschloß Neuenstein und 18
    in die Waldenburger Berge (36 km)

3   Von Schwäbisch Hall zum Freilandmuseum 26
    Wackershofen (27 km)

4   Über die Haller Ebene zur Veste Vellberg (37 km) 32

5   Nach Kirchberg, der "Perle" des oberen Jagsttals (40 km) 37

6   Im Umland von Rot am See (35 km) 44

7   Zu den einstigen Residenzstädten 49
    Langenburg und Kirchberg (39 km)

8   Ländliche Idylle und ein interessantes Museum 56
    im oberen Jagsttal (29 km)

9   Über die Kupferzeller Ebene zu den 60
    Weinorten im Kochertal (38 km)

10 Über die "Hohe Straße" zum malerischen 66
    Städtchen Forchtenberg (25 km)

11 Per Rad und Kanu durch das Jagsttal (24 km) 70

12 Nach Jagsthausen, dem Geburtsort 75
    des Ritters Götz von Berlichingen (33 km)

13 Durch ländliche Idylle zum 81
    Frankendom in Wölchingen (26 km)

14 Vom Vorbachtal zur Hohenlohe-Residenz 86
    Bartenstein (37 km)

15/16 Zweitägige Rundfahrt durch die Täler 91
    von Tauber und Jagst (110 km)

15	Auf dem Hohenloher Residenzweg von 92

15 Auf dem Hohenloher Residenzweg von 92
Bad Mergentheim nach Langenburg (58 km)

16 Durch das Jagsttal abwärts und zurück 100
nach Bad Mergentheim (52 km)

17 Vom Taubertal ins unterfränkische Aub (23 km)...................... 105

18 Zur Bergkirche von Laudenbach und.................................... 110
durch das reizvolle Vorbachtal (25 km)

19 Vom Kurbad im Taubertal zur 114
Madonna von Stuppach (27 km)

20 Sakrale Kunstdenkmäler in den Seitentälern 118
des Taubertals (38 km)

21 Zu den Weinbergen von Königheim und den 124
Fachwerkhäusern von Tauberbischofsheim (33 km)

22 Zur Brunnenstadt Külsheim und 130
zum Kloster Bronnbach (28 km)

23-25 Auf dem Taubertalweg talabwärts - 135
Radelvergnügen für 1 - 3 Tage

23 Von Rothenburg o. d. Tauber nach Weikersheim (40 km) 137

24 Von Weikersheim nach Tauberbischofsheim (35 km) 145

25 Von Tauberbischofsheim nach Wertheim (31 km) 149

Weitere Radwanderwege im Gebiet Taubertal/Hohenlohe 154

Symbolerklärungen

km Streckenlänge, Dauer der Tour

START Startpunkt

Streckeninformationen, Besondere Hinweise

Einkehrmöglichkeiten

Bademöglichkeiten, Seen, öffentliche Bäder

i Informationsstellen, Zusätzliche Informationen

Fahrradverleih, Werkstatt

Einleitung

Hohenloher Land und Liebliches Taubertal - die beiden Gebiete im Nordosten Baden-Württembergs hängen zwar zusammen, sind aber grundverschieden, was den Landschaftscharakter, die Vegetation und auch das Radfahren anbetrifft.

Das Hohenloher Land, das Gebiet zwischen dem Schwäbisch-Fränkischen Wald, dem Neckarland und dem Taubertal, wird auch als Hohenloher Ebene bezeichnet. Falsch wäre es jedoch, deshalb anzunehmen, es handele sich hierbei um ein durchwegs flaches Gebiet, denn tief eingeschnitten haben sich die Täler der Zwillingsflüsse Jagst und Kocher sowie deren Nebenflüsse. Auch die dazwischenliegenden Bergrücken und Hochflächen sind keineswegs eben, sondern sanft gewellt oder auch stark gegliedert, was für Radfahrer nicht immer müheloses Fahren bedeutet.

Den Namen verdankt diese Region einem mächtigen Adelsgeschlecht, das über Jahrhunderte hier herrschte: die Hohenlohe. Daß diese Familie weit verzweigt und vermögend war, das sieht man heute noch an den auffallend zahlreichen Residenzschlössern und Jagdschlößchen. Bedingt durch Erbteilungen gab es bis zu 12 Linien nebeneinander, und jede hatte ihren Herrschaftsbereich, ihre Residenz, u.a. in Öhringen, in Langenburg, in Ingelfingen, in Waldenburg, in Kirchberg an der Jagst, in Weikersheim.

Dort tauchte um 1178 zum ersten Mal der Name von Hohenlohe auf, den sich die Edelherren Konrad und Heinrich von Weikersheim zugelegt hatten. Kluge Heiratspolitik und kluges politisches Verhalten im 13. Jh. brachte die Familie im 13. Jh. in enge Verbindung zum staufischen Kaiserhaus. So erhielten zwei Brüder den Auftrag, die Braut des Kaisers Friedrich II. von Palästina nach Sizilien zu geleiten. Ein anderes Mitglied des Geschlechts von Hohenlohe rettete den Stauferkönig Konrad IV. vor einem Mordanschlag. Als Dank wurden ihnen die Rechte auf umfangreichen Landbesitz zugesprochen. Im 14. Jh. wurde das Geschlecht in den Grafenstand, im 18. Jh. in den Fürstenstand erhoben. Bis 1806 dauerte die Herrschaft der Hohenlohe, dann wurde, als Napoleon in Süddeutschland klar abgegrenzte Flächenstaaten schuf, das von ihnen beherrschte Gebiet in das neu entstandene Königreich Württemberg eingegliedert.

Zurück blieben die malerischen Städtchen, die zeitweilig Residenzen der Hohenlohe waren und bevorzugt auf Bergspornen angelegt wurden, die eleganten Jagdschlößchen und prachtvollen Schlösser wie das märchenhafte Wasserschloß Neuenstein oder die Residenz in Weikersheim - reizvolle Ziele für Radtouren, denn manche der Schlösser können besichtigt werden, in manchen wurden Museen eingerichtet.

Bis ins ausgehende 19. Jh. galt das Hohenloher Land als die Kornkammer Württembergs. Heute werden auf den fruchtbaren Hochflächen neben Weizen, Gerste und Mais auch Futterpflanzen für die Viehhaltung angebaut, denn noch immer leben die Bewohner überwiegend von der Landwirtschaft, auch wenn sich die Gewichtung zugunsten der Viehzucht verschoben hat. Gelb-braune Rinder, die früher nach Frankreich getrieben wurden, wo das Hohenloher Rindfleisch großes Ansehen genoß, erzielen auch heute noch bei den Viehversteigerungen z.B. in Blaufelden gute Preise, und mehr als 1000 Ferkel wechseln jeden Montag auf dem Ferkelmarkt in Niederstetten den Besitzer. Hohenlohe ist also nach wie vor ein Bauernland. Industrie hat sich nur in Städten angesiedelt, und diese wiederum befinden sich ausschließlich in den Tälern. Auf den Hochflächen aber liegen, außer ein paar befestigten Städtchen in Spornlage, nur kleine Dörfer und Weiler. Nicht erstaunlich also, daß das Gebiet zu den am dünnsten besiedelten in der Bundesrepublik zählt.

Dies wiederum bedeutet, daß die Verkehrsdichte wesentlich geringer ist als beispielsweise im Neckarraum und daß man folglich recht unbeschwert auf den Landstraßen und sehr schmalen Sträßchen radeln kann. Diese sind von ihrer Breite her eher mit landwirtschaftlichen Wegen zu vergleichen, aber häufig offen für den allgemeinen KFZ-Verkehr.

Spezielle Radwege anzulegen ist also in diesem Raum gar nicht sonderlich notwendig. Auch die Touristikgemeinschaften in Hohenlohe und im Taubertal, die große Anstrengungen unternehmen, das Radwegenetz auszubauen, bedienen sich der vorhandenen Straßen, Sträßchen, Wirtschaftswege. In den letzten Jahren wurden mehrere Radwege markiert, wurde Informationsmaterial bereitgestellt. Schon jetzt ein Klassiker ist der rund 100 km lange Taubertalweg. Und die erst in letzter Zeit ausgeschilderten Radwege durch die Täler von Kocher und Jagst werden sicher genauso gut angenommen werden, denn vor allem die Täler haben es den Radfahrern angetan.

Dies ist nicht weiter erstaunlich, gehören sie doch zu den wärmsten Gebieten Baden-Württembergs, was bedeutet, daß an den Südhängen Wein angebaut wird. Die Römer brachten den Weinbau mit, die Klöster und die Herren von Hohenlohe machte er reich, die heutigen Touristen erfreut er, haben sie doch auf diese Weise Gelegenheit, in der Fürstlichen Schloßkellerei, in den Heckenwirtschaften und Weinstuben oder bei den Weinfesten die heimischen Weißweine zu probieren.

Eine gute Weinernte, darum kreisen und kreisten die Gedanken der Winzer. Um den himmlischen Segen dafür zu erbitten, wurden sogar spezielle Bildstöcke hergestellt, die sogenannten Träublesbildstöcke, deren Stamm von einer Weinrebe mit Trauben umwunden ist. Bildstöcke aufzustellen, das war seit der Gotik ein in ganz Deutschland verbreiterter Brauch, doch hier im Tauberland, vor allem im Zeitalter des Barock, war er besonders ausgeprägt. An Straßenrändern, auf den Feldfluren oder in den Dörfern, überall stehen die steinernen Säulen mit ihren Darstellungen eines Heiligen oder der Kreuzigungsgruppe. Die Stifter, deren Namen häufig am Sockel zu lesen sind, wollten sich auf diese Weise bedanken für ein gut überstandenes Unglück oder die Abwendung von Gefahr.

Steinkreuze hingegen, die im Tauberland ebenfalls häufig zu sehen sind, erinnern an einen tödlichen Unfall oder ein Verbrechen und wurden wohl in dem Glauben aufgestellt, daß der hier Umgekommene erst durch das Setzen des Steinkreuzes Ruhe finden würde. Heiligenfiguren gelten als Beschützer und stehen häufig auf den alten Brücken. Neben Kilian, dem Schutzpatron der Franken, ist es meist der heilige Nepomuk, ein Bischof von Prag, der im 14. Jh. ertränkt wurde und heute als Schutzheiliger von Brücken gilt.

Der Schutz des eigenen Hauses und seiner Bewohner vor Unheil und Gefahr, das war das Motiv für das Anbringen einer Madonna, häufig in einem verglasten Kasten, an der Hausfront - in manchen Ortschaften im Taubertal und in der Umgebung ein bis heute gepflegter Brauch. Nicht zu unrecht also wird das Tauberland als Madonnenland bezeichnet. Auch die beiden größten Kunstschätze der Gegend sind Mariendarstellungen: die Stuppacher Madonna von Grünewald und der Creglinger Marienaltar von Tilman Riemenschneider - beides Kunstwerke von Weltrang. Auch andere Werke des im 15./16. Jh. tätigen Bildschnitzers Riemenschneider, u.a. die Altäre in Rothenburg und in Detwang, liegen am Weg, die barocken Kirchen von Balthasar Neumann, die Wandmalereien in den kleinen Dorfkirchen wie Bächlingen, die interessanten Museen.

Kurzum, es gibt für Radfahrer genügend Anlässe, die Fahrt zu unterbrechen und zu genießen: Kulturschätze, die reizvolle Natur, vor allem in den Tälern, ein Bad in einem Stausee oder in der Jagst und natürlich eine Erfrischung oder den heimischen Wein in einem der Ausflugslokale mit Biergarten oder in einem der Cafés mit Aussichtsterrasse.

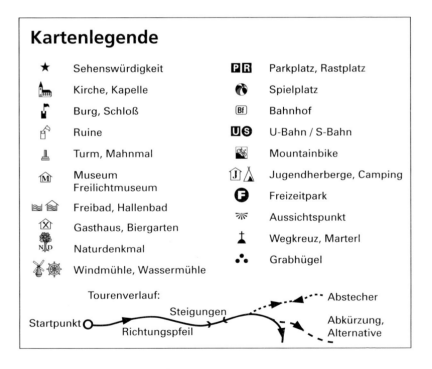

Im Hohenloher Land radelt man vorwiegend auf schmalen, asphaltierten Straßen, auf denen man nur selten einem Auto begegnet

1

Von der ehemaligen Residenzstadt Öhringen zum Jagdschloß Friedrichsruhe

Eine leichte Tour, die durch die reizvollen Täler von Ohrn und Kocher sowie, nach einem kurzzeitig steilen Anstieg, durch fruchtbare Landschaft mit Getreidefeldern, Obstplantagen und kleinen Dörfern führt.

Toureninfos

 31 km.

START Öhringen, Parkplatz bei Freibad und Stadion. Station an der Bahnlinie Heilbronn - Nürnberg. Vom BHF zum Tourbeginn am Freibad s. Ende der Tourbeschreibung.

Nur teilweise markiert. Je zur Hälfte auf ausgebauten, zeitweise auch stärker befahrenen Straßen, insbesondere in und um Öhringen, und auf schmalen, ruhigen Landstraßen. Von Öhringen im Ohrntal abwärts in das Kochertal und auf stärker befahrener Durchgangsstraße bequem talaufwärts. Ein 2 km langer, steiler Anstieg aus dem Kochertal auf die Hochfläche sowie 2 weitere kurze Anstiege; von Friedrichsruhe bequem nach Öhringen.

In Ohrnberg; in Sindringen Gasthof Krone mit Terrasse (RT Di); Naturfreundehaus Schießhof (nur an Wochenenden geöffnet); Waldschenke Schießhof (nur So nachmittags); Wald- und Schloßhotel Friedrichsruhe; in Untermaßholderbach Café/Weinstube Wiesengrund (RT Mo).

Hallenbad und beheiztes Freibad in Öhringen; Flußbad in Sindringen.

Öhringen, Motor-Museum (Industriegebiet); Fahrzeuge aus der Zeit 1945-70; ganzjährig geöffnet Mo-Fr 9-12 und 13-17 Uhr, April-Okt. auch Sa/So 13-17 Uhr. Öhringen, Weygang-Museum,

🕐 Karlsvorstadt 38, heimatkundliche Sammlung, u.a. Funde aus der Römerzeit; täglich außer Mo 10-12 und 14-16 Uhr. Öhringen, Stiftskirche, geöffnet täglich 10-16 Uhr

ℹ️ Fremdenverkehrsamt, Marktplatz 15, 74613 Öhringen, Tel. 0 79 41 / 68-1 18.

🚲 Zweirad-Fachgeschäft Carle, Berliner Str. 16, 74613 Öhringen, Tel. 0 79 41 / 76 76.

Von unserem Ausgangspunkt in Öhringen, einem Parkplatz am Stadion und Freibad, fahren wir in der Straße Pfaffenmühlweg auf die Altstadt zu, halten uns auf der Hunnenstraße, der stark befahrenen Altstadtumgehung, nach rechts und folgen wenig später nach links, weiter am Rand der Altstadt entlang, der ebenfalls verkehrsreichen Schillerstraße. Am Schillerplatz biegen wir rechts ab in die Büttelbronner Straße und unterqueren zunächst die Bahnlinie Öhringen - Heilbronn, dann die A 6, Heilbronn - Nürnberg. Über den Kreisverkehr Großenhainer Ring gelangen wir anschließend durch die fast schon zusammengebauten Teilorte Möhrig und Unterohrn und stoßen auf die stark befahrene Neuenstadter Straße. Ihr folgen wir nach rechts bergauf (Radmarkierung Ohrnberg), verlassen sie aber nach nur 200 m wieder auf der in Richtung Ohrnberg rechts abzweigenden Straße. Im engen, bewaldeten Ohrntal führt die Landstraße in teilweise engen Kurven bequem talabwärts nach Ohrnberg im Kochertal.

Kurz vor der im Kochertal verlaufenden breiten Durchgangsstraße biegen wir rechts ab nach Ohrnberg, folgen der Sindringer Straße durch das Dorf und stoßen wenige hundert Meter nach dem Ortsende auf die breite Durchgangsstraße, auf der wir entlang dem Kocher talaufwärts zur Linksabzweigung in Richtung Sindringen gelangen.

Sindringen ist das kleinste der Städtchen im Kochertal. Angelegt wurde es unweit des Flusses, weshalb die teilweise noch gut erhaltene Stadtmauer an der Flußseite bis zu 5 m hoch war, denn sie diente gleichzeitig als Hochwasserschutz. Der ehemalige Ortsadel zog eine etwas erhöhte Position vor und erbaute das Schloß an der Nordostecke der Stadt. Am Schloß, das in seiner heutigen Form aus dem 16. Jh. stammt, fallen vor allem der massige, viereckige Turm auf sowie die ehemalige Umfassungsmauer, in die das Backhaus, die Arrestzelle und Ställe an- und eingebaut wurden. Im Mittelpunkt des Städtchens steht die ursprünglich romanische Kirche zum Heiligen Kreuz, die im 18. Jh. umgebaut wurde.

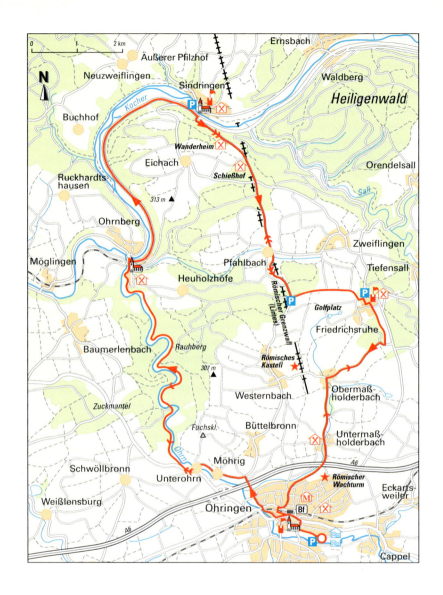

200 m nach der Abzweigung in Richtung Sindringen biegen wir in Richtung Schießhof rechts ab auf eine ruhige Landstraße (Radmarkierung Buckelestour) und steigen am bewaldeten Talhang - gelegentlich mit Blick auf das Kochertal und den auffällig bemalten Wasserturm von Edelmannshof - auf 1 km Länge sehr steil an (15%).

Öhringen ist eines der vielen Städtchen, in denen bis ins 19. Jahrhundert Linien des weitverzweigten Adelsgeschlechts derer von Hohenlohe residierten

Kurz nach dem an der Talkante gelegenen Naturfreundehaus Schießhof passieren wir, jetzt in nur mehr leichtem Anstieg, den Schießhof mit der „Waldschenke". In stetem Auf und Ab verläuft die Straße im Wald abwechselnd auf bzw. neben dem einstigen obergermanischen Limes, dessen Überreste als niedere Erhebung immer wieder rechts neben der Straße zu erkennen sind. Auch von einstigen Wachttürmen sind nur noch spärliche Reste zu sehen.

Info Mitte des 2. Jh. verlegten die Römer die Grenze zwischen dem Römischen Reich und dem freien Germanien vom Neckar nach Osten und erbauten den sogenannten vorderen **Limes**, einen 5 m hohen Grenzwall, der bei Miltenberg im Odenwald begann und weiter südlich, zwischen Walldürn und Mainhardt, 80 km weit schnurgerade verlief. Von Wachttürmen aus wurde das Land observiert. War Gefahr im Anzug, wurden von einem Turm zum anderen Rauchsignale gegeben und so das Kastell alarmiert, wo die Soldaten stationiert waren.

Wir verlassen den Wald und erreichen den Ortsrand des in einer Talsenke gelegenen Dorfes Pfahlbach. Am tiefsten Punkt der Senke, kurz nach einer Straßenkreuzung, biegen wir an einem Spielplatz rechts ab, wenden uns aber gleich wieder nach links und folgen einem asphaltierten Wirtschaftsweg, der parallel zur Straße ansteigt. Kurz vor dem höchsten Punkt mündet der Weg in die Straße ein, die vollends auf die Anhöhe hinaufführt.

Hier folgen wir einem am Waldrand links abzweigenden Sträßchen in Richtung Friedrichsruhe - mit Ausblick auf das auffällig auf einem Bergsporn gelegene Städtchen Waldenburg - und erreichen auf dem sanft fallenden Sträßchen, vorbei an einem Golfplatz, den zwischen Wald und Obstwiesen recht idyllisch wirkenden Gebäudekomplex des Schlosses Friedrichsruhe und die wenigen Häuser einer Wohnsiedlung. Am Golfclubhaus biegen wir rechts ab in die Hofgasse und wenden uns nach 150 m nach links auf eine für Fußgänger und Radfahrer offene Allee, die auf das eigentliche Schloßgebäude zuführt.

Info

In einem Wildpark, der im Jahr 1612 von dem Hohenloher Adelsgeschlecht angelegt worden war, wurde rund 100 Jahre später, nachdem Öhringen zur Residenzstadt geworden war, ein **Jagdschloß** der Fürsten von Hohenlohe-Öhringen erbaut. Im letzten Jahrhundert lebte hier als Gesellschafterin die Schriftstellerin Eugenie John, die unter dem Pseudonym Marlitt Romane veröffentlichte, die ihre große Leserschaft zu Tränen rührten. Heute ist hier ein Nobel-Schloßhotel eingerichtet.

In der kleinen Parkanlage vor dem Schloß halten wir uns nach rechts auf einen Fuß- und Radweg, folgen gleich darauf der querlaufenden Schloßstraße 25 m nach links und wenden uns nach rechts auf den Forsthausweg (Radmarkierung Schiefe Ebene). Der asphaltierte Wirtschaftsweg entlang des Waldrands mündet in ein schmales Sträßchen ein, das nach rechts - nicht der Radmarkierung nach links folgen! - auf der Scheitelhöhe eines leicht gewellten Hügelrückens verläuft und nach Obermaßholderbach fällt. Entlang dem Maßholderbach verlassen wir auf der Schönaustraße talabwärts den Weiler, durchfahren wenig später Untermaßholderbach, unterqueren kurz vor Öhringen die A 6, Heilbronn - Nürnberg, und erreichen Öhringen.

Info

Der heutige Ortsname **Öhringen** geht zurück auf die einstige Römersiedlung "vicus aurelianus". So nannten die hier am Limes stationierten römischen Soldaten die Siedlung, die zwischen zwei Kastellen entstand und wo bis 260 n. Chr. römische Handwerker, Kaufleute und Verwaltungsbeamte lebten, ehe die Siedlung von den Alemannen zerstört wurde. Heute erinnert der rekonstruierte Sockel eines Wachtturms am

Info

einstigen Standort der Siedlung im Norden der Stadt sowie Funde, die im Weygang-Museum ausgestellt sind, an diese Epoche.

Im 11. Jh. stiftete die aus dem salischen Haus stammende Gräfin und Kaiserinmutter Adelheid zusammen mit ihrem Sohn, einem Regensburger Bischof, hier ein Chorherrenstift. In der Stiftskirche wurden Reliquien aus Byzanz aufbewahrt und die Kirche im Mittelalter deshalb zu einem stark frequentierten Wallfahrtsort. Von dieser romanischen Basilika sind nur wenige Teile erhalten - der Sarkophag Adelheids in der Krypta, die Plastiken von Petrus und Paulus am Blasturm sowie der untere Teil des Südostturms mit den Löwen am sogenannten Löwentörle -, denn die Kirche wurde baufällig und deshalb im 15. Jh. grundlegend umgebaut. Aus dieser spätgotischen Bauphase stammt u.a. der Hochaltar (um 1500). Sehenswert sind auch die steinernen Grabmale der Angehörigen des Hauses Hohenlohe.

Einem Mitglied dieses Adelsgeschlechts wurden um 1250 die Rechte über die Stadt Öhringen geschenkt. Im Jahr 1611 ließen die Grafen neben der Stiftskirche ein Schloß erbauen, in dem ihre Witwen leben sollten. Doch im Jahr 1677 beschloß ein Graf der Linie Hohenlohe-Neuenstein, das Schloß umzubauen und selbst einzuziehen. Mit großer Hofhaltung residierten hier nun die späteren Fürsten von Hohenlohe-Öhringen, erweiterten das Schloß, legten den Hofgarten an und ließen die Karlsvorstadt erbauen. Doch im Jahr 1806 mußten sie nach Napoleons Sieg gegen das preussische Heer die Regierungsgewalt über das Fürstentum Hohenlohe an den König von Württemberg abtreten. In den Räumen des Schlosses, dessen Front zum Marktplatz zu abweisend erscheint, das sich zum Hofgarten mit einem Schloßhof öffnet, arbeitet heute die Stadtverwaltung, im Hofgarten finden Konzerte statt.

Rund um den Marktplatz stehen renovierte Fachwerkhäuser, unter denen vor allem die Hofapotheke (1591) auffällt; auf dem Platz steht ein Renaissance-Brunnen mit dem Standbild eines hohenlohischen Grafen. Hier läßt sich der Gang durch die Gassen der in ihren Ausmaßen recht überschaubaren Stadtmitte gemütlich im Straßencafé beschließen.

In Öhringen folgen wir der querlaufenden Hindenburgstraße nach rechts, überqueren auf der links abzweigenden Kottmannstraße die Bahngleise und stoßen auf die verkehrsreiche Schillerstraße. Auf ihr nur wenige Meter nach links, dann biegen wir auf Hühe des Bahnhofs rechts ab in die Bahnhofstraße und erreichen den kleinen Hafenmarkt inmitten der Altstadt. Durch die Kirchgasse gelangen wir auf den Marktplatz mit der Stiftskirche und dem Schloß, folgen der Marktstraße und biegen links ab in die Rathausstraße. In ihrer Verlängerung führt die Straße Altstadt durch ein ehemaliges Handwerkerviertel zu einer Straßenkreuzung am Rand der Altstadt. Hier wenden wir uns nach links auf die Uhlandstraße, folgen dieser Altstadtumgehung scharf nach links und biegen vor dem Flüßchen Ohrn rechts ab in die Straße Am Cappelrain. Entlang des Flüßchens passieren wir das Stadion und kehren über eine Fußgängerbrücke zu unserem Ausgangspunkt zurück.

2

Zum Wasserschloß Neuenstein und in die Waldenburger Berge

Toureninfos

- **km** 36 km

- **START** Öhringen, Parkplatz bei Freibad und Sportanlagen. Station an der Bahnlinie Heilbronn - Nürnberg. Vom BHF zum Freibad auf der Hunnenstarße links um die Altstadt herum, dann nach links in den Pfaffenmühlweg.

- Nicht durchgängig markiert; vorwiegend auf sehr schmalen, verkehrsarmen Sträßchen bzw. asphaltierten Wirtschaftswegen, aber auch 4,5 km auf befestigten Waldwegen; zu Beginn bequemes Fahren am Fuß der Waldenburger Berge, dann 2,5 km langer Anstieg nach Waldenburg sowie zwei weitere kurze, steile Anstiege bis Obersteinbach; die letzten Kilometer vorwiegend bergab.

- In Cappel; Gaststätten und Cafés in Neuenstein und Waldenburg, dort einige mit Terrasse in Aussichtslage; Gaststätte Bürgerstüble am Neumühlsee (kein RT); Gaststätten in Michelbach (erst am späten Nachmittag geöffnet) und in Öhringen.

- Bademöglichkeiten: Freibad und Hallenbad in Öhringen; Naturfreibad Neumühlsee; Freibad in Michelbach.

- Zu den Museen in Öhringen s. Tour 1. Öhringen-Cappel, Meeresmuseum, Höhenweg 6, geöffnet nur So, 1.5.-31.8. von 14-18 Uhr, 1.9.-31.4. von 14-17 Uhr. Schloß Neuenstein, Führungen Mitte März-Mitte Nov. täglich außer Mo zwischen 9-12 und 13.30-18 Uhr; Mindestanzahl 5 Pers.; Dauer der Führung 50 Min. Waldenburg, Siegelmuseum im Schloß; geöffnet März-Okt. Sa 13.30-18, So 10-12 und 13.30-18 Uhr. Waldenburg, Hohenloher Urweltmuseum im Rathaus, geöffnet während der Dienstzeiten im Rathaus, März-Okt. auch So 10-12 und 14-17 Uhr.

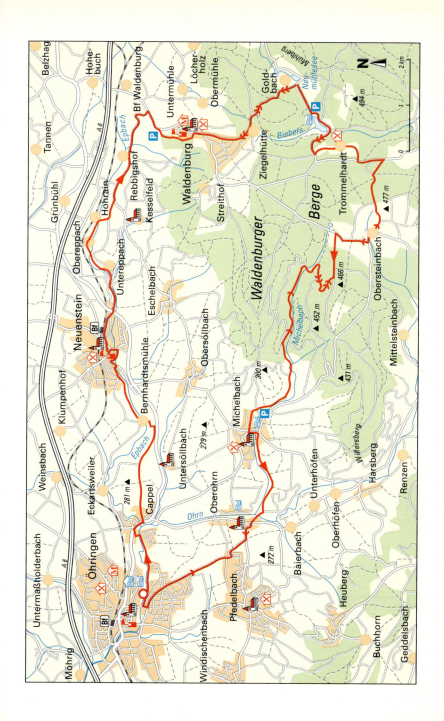

Fremdenverkehrsamt, Marktplatz 15, 74613 Öhringen, Telefon 0 79 41 / 68-1 18.

 Zweirad-Geschäft Carle, Berliner Str. 16, Tel. 0 79 41 / 76 76.

Ganz im Zeichen des Fürstenhauses Hohenlohe steht auch diese Fahrt, die im ehemaligen Residenzstädtchen Öhringen beginnt, in der Ebene gemütlich zu dem beeindruckenden Wasserschloß Neuenstein führt, dann aber in die bewaldeten Waldenburger Berge ansteigt, hinauf zu dem aus der Ferne durch seine Türme an ein italienisches Bergnest erinnernde Städtchen Waldenburg, wo die Hohenlohe ebenfalls ein Schloß besitzen. Vom Anstieg kann man sich auf einer der Aussichtsterrassen der Cafés oder spätestens am Badesee Neumühlsee erholen, bevor man durch Wald und Weinberge bequem nach Öhringen zurückfährt.

Beim Parkplatz am Öhringer Stadion und Freibad überqueren wir mittels einer Fußgängerbrücke das Flüßchen Ohrn und wenden uns sofort nach links auf den sogenannten Cappeler Fußweg (Radmarkierung Burgenweg), der entlang des Flüßchens bequem talaufwärts führt. Im Teilort Cappel biegen wir links ab in die querlaufende Hornbergstraße, überqueren erneut das Flüßchen Ohrn und folgen der ersten rechts abzweigenden Straße, der Bachstraße. Auf der Hauptstraße, der Haller Straße, halten wir uns rechts, verlassen sie am Rathaus wieder nach links (Ausschilderung Meeresmuseum) und biegen nach wenigen hundert Metern an einer Straßengabelung erneut links ab zum Ortsrand. Bergauf folgen wir dem ruhigen Landsträßchen (Ausschilderung: Bernhardtsmühle) über eine Kuppe hinweg - in Fahrtrichtung ist bereits unser Etappenziel, das auf einem Bergsporn gelegene Städtchen Waldenburg zu sehen - zur Verbindungsstraße Öhringen - Neuenstein.

Hier führt ein Sträßchen nach links in das Wiesental des Epbachs hinunter und zu den wenigen Gebäuden des Weilers Bernhardtsmühle, dem Stammhaus der Gelehrtenfamilie Weizsäcker, der auch der ehemalige Bundespräsident Richard von Weizsäcker entstammt. Hier folgen wir einem asphaltierten Wirtschaftsweg talaufwärts nach Neuenstein und stoßen auf eine Straße, auf der wir nach links das eindrucksvolle Wasserschloß am Rand des alten Stadtkerns erreichen. Vor dem Wassergraben biegen wir rechts ab und gelangen, indem wir der Radmarkierung um das Schloß herum folgen, zum Schloß-Vorplatz.

Info

Als eines der schönsten Schlösser im Hohenloher Land gilt das von **Neuenstein**, das, im Gegensatz zu den meisten anderen, nicht auf einem Bergsporn sitzt. Zum Schutz erhielt deshalb der Vorgängerbau des Schlosses, eine im 12. Jh. erbaute **Burg**, die damals den Herren von Neuenstein gehörte, einen breiten Wassergraben, der auch noch das heutige mächtige Schloß malerisch umrahmt. Denn aus der mittelalterlichen Burg wurde um 1550 ein repräsentatives Schloß, in dem die Adelsfamilie Hohenlohe-Neuenstein residierte. Mehrere Jahre dauerte der Umbau nach Plänen des berühmten Baumeisters Heinrich Schickhardt aus Stuttgart: Die mehrstöckigen Gebäudeflügel, die sich um einen rechteckigen Innenhof gruppieren, wurden geschmückt mit Ziergiebeln, Türmen und Prunkportalen, die Räume in prunkvolle Säle und Hallen verwandelt. Rund 150 Jahre nur wurden diese Räumlichkeiten benutzt, dann verlegte die gräfliche Familie ihre Residenz in das benachbarte Öhringen. Erst zu Beginn des 20. Jh. wurde das vom Verfall bedrohte Schloß restauriert, erhielt es sein heutiges märchenhaftes Äußere, dient es seither wieder als Wohnsitz der Familie.

Doch heute können sich auch Besucher während der Führungen an einigen der prachtvollen Räume wie dem Kaisersaal oder dem Rittersaal erfreuen, an den kostbaren Möbeln, an den Waffensammlungen und sonstigen Kleinodien sowie an der vollständig erhaltenen, um 1420 eingerichteten Schloßküche, die als eine der größten mittelalterlichen Küchen Europas gilt.

Auch das Städtchen Neuenstein, das sich im Mittelalter bei der einstigen Burg entwickelte, lohnt einen Abstecher: Sehenswert sind das Fachwerk-Rathaus, die Kirche St. Marien (1610) mit gotischem Chor und die Reste der Stadtbefestigung.

Der leicht ansteigenden Schloßstraße folgen wir nach rechts durch den Ort, halten uns an einer Straßengabelung rechts (Radmarkierung), passieren den Bahnhof und fahren bequem wieder in das flache Tal des Epbachs hinunter. Gleich am Ortsbeginn von Untereppach biegen wir links ab in die Stielgartenstraße, an einer Gabelung rechts in die Straße Am Mühlberg und gelangen auf einem schmalen Sträßchen entlang des Bachs - am Ortsende befindet sich ein Grillplatz - nach Obereppach.

Das Sträßchen führt an den wenigen Höfen des Weilers vorbei, überquert wenig später am Rand des Weilers Hohrain den Bach und steigt leicht an zu einer Landstraße, die am Fuß der Waldenburger Berge verläuft. Nach links, zunächst recht eben, führt die Straße am Rebbigshof vorbei und mündet nach einigen hundert Metern Anstieg in die nach Waldenburg hochführende Straße ein.

Diese steil ansteigende Straße verlassen wir schon nach 500 m wieder in einer Linkskurve der Straße an einem kleinen Parkplatz. Ein asphaltierter Weg (Ausschilderung: Rad- und Fußweg zur Stadt) steigt steil am Westhang des Bergsporns an, auf dem Waldenburg liegt, und mündet in die Ortsdurchgangsstraße ein. Um das Schloß und die kleine Altstadt, die sich auf der Höhe des Bergsporns entlangzieht, zu besichtigen, wenden wir uns hier nach links (Abstecher zum Schloß hin und zurück 1 km).

Waldenburg: Von weitem schon sieht man die Silhouette des Städtchens Waldenburg, das auf einem Bergrücken liegt, der in die Hohenloher Ebene vorragt. Als der "Balkon Hohenlohes" wird deshalb der kleine Luftkurort auch bezeichnet. Den schönsten Blick sicherten sich die Herren von Hohenlohe, als sie im 13. Jh. an der Spitze des Sporns eine Burg errichteten, von deren Bergfried sie auch die am Fuß vorbeiführende Handelsstraße zwischen Donau und Rhein unter Kontrolle hatten. Dieser Buckelquaderturm blieb erhalten, erhielt lediglich im 16. Jh., als eine Linie der Hohenloher die Burg zu ihrer Residenz ausbauen ließ, einen Aufsatz mit steinernen Figuren, weshalb er heute als "Mändlesturm" bezeichnet wird. Die heutige, recht wehrhaft wirkende Front mit Wassergraben erhielt das Schloß im Barock, als auch die Schloßkapelle von den inzwischen zum katholischen Glauben übergetretenen Schloßherren reich ausgestaltet wurde. Die Kapelle ist für die Öffentlichkeit zugänglich, ebenso der Schloßhof, in dem sich ein mittelalterlicher, mehr als 60 m tiefer Brunnenschacht befindet, und das Siegelmuseum, untergebracht in einem Torflügel.

Vor der Burg entwickelte sich im Mittelalter ein Städtchen, das befestigt und mit Wachttürmen versehen wurde, von denen noch der Stauferturm an der Hauptstraße erhalten ist. Von diesem Turm, der zwischen März und Oktober bestiegen werden kann und der höchste Aussichtspunkt Hohenlohes ist, überblickt man das gesamte Städtchen, dem man nicht mehr ansieht, daß es im April 1945 bis auf wenige Häuser von amerikanischer Artillerie zerstört wurde. Heute ist es ein beliebter Erholungsort mit zahlreichen gastronomischen Betrieben sowie einem kleinen Kurpark.

Zur Fortsetzung der Tour folgen wir der Haller Straße in Richtung Ziegelhütte (Radmarkierung Buckelestour) durch ein Wohnviertel, durchqueren eine Senke mit den wenigen Bauernhöfen von Ziegelhütte und gelangen in zahlreichen, auch engen und steilen Kurven bergab zu den wenigen Gehöften von Goldbach.

Goldbach: Im Jahr 1380 wurde hier ein Pauliner-Eremitenkloster gegründet, das bedeutende Stiftungen von den Herren von Hohenlohe erhielt und dessen Besitz nach der Auflösung des Klosters im Verlauf der Reformation an diese fiel.

An der Straßenkreuzung bei Goldbach wenden wir uns nach rechts in Richtung Neumühlsee und erreichen auf einer schmalen Landstraße bequem den aufgestauten Neumühlsee, einen Badesee, an dem sich eine Fahrtunterbrechung anbietet, gibt es hier doch eine Grillstelle, einen Spielplatz und eine Gaststätte.

Am Ende des Sees schwenkt die Straße rechts um, steigt im Wald sehr steil an und mündet in die Straße Waldenburg - Sailach ein. Wir halten

Zahlreiche Schlösser ließen die Herren von Hohenlohe erbauen;
eines der schönsten ist wohl das in Neuenstein

uns links in Richtung Sailach/Gnadental, verlassen diese fallende und wieder ansteigende Straße nach 1,5 km nach rechts (Ausschilderung: Obersteinbach) und gelangen auf einem schmalen Sträßchen durch einen weitläufigen Birkenwald in leichtem Auf und Ab nach Obersteinbach, einen aus zwei Ortsteilen bestehenden Weiler, der sich mitten auf einer riesigen Lichtung befindet. Am Rand des ersten Ortsteils halten wir uns rechts und erreichen wenig später den zweiten Ortsteil, wo wir einer querlaufenden Straße nach rechts zu einer Straßenkreuzung folgen. Hier wenden wir uns erneut nach rechts in Richtung Waldenburg. Ein kurzer Anstieg bringt uns auf eine Hochfläche, auf der wir kurz vor dem Waldrand auf den einzigen links abzweigenden befestigten Feldweg abbiegen (Wandermarkierung HW 8).

Nach wenigen hundert Metern gelangen wir an den Waldrand und folgen geradeaus einem befestigten Forstweg etwa 700 m weit zu einer Weggabelung - 100 m vorher mündete von links ein Forstweg ein. Hier fahren wir nach rechts (keine Ausschilderung) sehr steil (!) bergab zu dem in einem engen Tal fließenden Michelbach. Auf dieser etwa 1,5 km langen steilen Abfahrt ist zu beachten, daß die Kurven sehr eng sind! Wir bleiben immer auf dem breiten Weg bergab - nicht einem der scharf nach links abzweigenden Forstwege folgen! - und genießen, auf dem schattigen Talgrund angekommen, die bequeme Talfahrt entlang des Michelbachs.

Kurz nach dem Waldrand geht auf Höhe eines kleinen Gehöfts der Forstweg in ein Sträßchen über. Nach einigen hundert Metern stoßen wir am Fuß des mit Obstbäumen und Weinstöcken bepflanzten Hubbergs auf Höhe eines einzeln stehenden Gehöfts auf eine Gabelung.

Wir halten uns rechts entlang dem Fuß des Hubbergs und sehen wenig später die Weinberge in ihrer ganzen Ausdehnung. Vorbei an den Sportanlagen und einem Bad erreichen wir den Weinort Michelbach. In der Ortsmitte wenden wir uns nach links in Richtung Schwäbisch Hall.

Noch im Ort überqueren wir den Michelbach, biegen nach 100 m rechts ab in Richtung Untersteinbach und nach nur 10 m erneut nach rechts in die Brunnengasse (Radmarkierung), die in einen asphaltierten Wirtschaftsweg übergeht. Bequem talabwärts entlang des Michelbachs und nach Überqueren des Flüßchens Ohrn gelangen wir in dem Dörfchen Oberohrn an die Durchgangsstraße.

Auf ihr 50 m nach rechts, dann biegen wir links ab (Radmarkierung Öhringen) und steigen in Richtung Pfedelbach auf der Akazienstraße auf einen niederen Hügelrücken an. Kurz vor der Scheitelhöhe des Rückens weist ein Schild auf die Überreste des obergermanischen Limes hin.

 Limes: Dieser römische Grenzwall stellte im 2. und 3. Jh. n. Chr. die Grenze des Römischen Imperiums zum „barbarischen", freien Germanien dar.

Hier wenden wir uns nach rechts (Radmarkierung), folgen einem Landsträßchen an den Rand eines ausgedehnten Pfedelbacher Wohngebiets und einem asphaltierten Wirtschaftsweg geradeaus (Radmarkierung). Bequem radeln wir nach Öhringen hinunter, wo wir auf der Straße Nußbaumweg zur Hunnenstraße gelangen, einer stark befahrenen Altstadt-Umgehungsstraße. Nach rechts folgen wir ihr zur nächsten rechts abzweigenden Straße, der Straße Am Cappelrain, und kehren kurz darauf über die uns schon vom Tourbeginn her bekannte Fußgängerbrücke über das Flüßchen Ohrn zu unserem Ausgangspunkt zurück.

 Öhringen: Rund um den Marktplatz stehen renovierte Fachwerkhäuser, unter denen vor allem die Hofapotheke (1591) auffällt; auf dem Platz steht ein Renaissance-Brunnen mit dem Standbild eines hohenlohischen Grafen. Hier läßt sich der Gang durch die Gassen der in ihren Ausmaßen recht überschaubaren Stadtmitte beginnen und anschließend gemütlich in einem Straßencafé beenden.

Weitere Informationen siehe Tour 1.

Wer sich die Öhringer Altstadt ansehen möchte, fährt auf der Hunnenstraße weiter, biegt links ab in die Straße Karlsvorstadt und gelangt durch das Vordere Tor in die teilweise zur Fußgängerzone erklärte, für Radfahrer befahrbare und durch Einbahnstraßen geprägte Altstadt. Über den Marktplatz mit der Stiftskirche und dem Schloß, durch die Marktstraße und nach links durch die Rathausgasse in ein altes Handwerkerviertel. Auf der stark befahrenen Uhlandstraße nach links zur Hunnenstraße und, wie oben beschrieben, zurück zum Ausgangspunkt am Stadion.

3

Von Schwäbisch Hall zum Freilandmuseum Wackershofen

Diese Tour bietet einiges an Kultur - das sehenswerte Schwäbisch Hall, das Freilandmuseum Wackershofen -, erfordert aber auch einige Kondition, denn zweimal ist der Anstieg vom Kochertal auf die umliegende Hochfläche zu bewältigen. Als Abschluß bietet sich deshalb ein Besuch des Solebads an, wo man sich im ca. 30°C warmen Wasser entspannen kann.

Toureninfos

- 27 km

- Schwäbisch Hall, einer der Parkplätze am Diakonie-Krankenhaus an der B 14 in Richtung Künzelsau, innerörtlich Heilbronner Straße genannt, oder in der parallel verlaufenden Auwiesenstraße. Station an der Bahnlinie Heilbronn - Nürnberg.

- Zwei Drittel der Tour auf asphaltierten Wirtschafts- bzw. Radwegen, 2 km auf befestigtem Forstweg; auf stärker befahrenen Straßen in und um Schwäbisch Hall. Zwei Anstiege - 2 und 3 km lang - aus dem Kochertal zu Beginn und in der Mitte der Tour; auf der Hochfläche leicht auf und ab. Anfangs keine Markierung; im Kochertal sowie zwischen Gailenkirchen und Schwäbisch Hall markiert.

- In Eltershofen, Enslingen, Haagen, Untermünkheim, Gailenkirchen; im Freilandmuseum Gasthaus Roter Ochsen, ganzjährig geöffnet, (RT Mo); in Gottwollshausen und Schwäbisch Hall.

- In Schwäbisch Hall ein Freizeitbad Schenkenseebad und Solebad (am Kocher), geöffnet Mo 13-21, Di-Fr 9-21, Sa/So 9-16 Uhr.

🕐 Schwäbisch Hall, Hällisch-Fränkisches Museum, Keckenhof; geöffnet Di-So 10-17, Mi 10-20 Uhr. Untermünkheim, Rößler-Museum, Ausstellung zur Bauernmalerei; geöffnet April-Okt. täglich nach Voranmeldung im Rathaus, Tel. 07 91/97 08 70. Wackershofen, Hohenloher Freilandmuseum; geöffnet April und Okt. Di-So 10-17.30, Mai-Sept. 9-18 Uhr, Juli und August auch Montag.

ℹ️ Touristik-Information, Am Markt 9, 74501 Schwäbisch Hall, Tel. 07 91/75 1-2 16.

🚲 Zweirad-Zügel, im Zentrum von Schwäbisch Hall, Telefon 07 91/8 90 66.

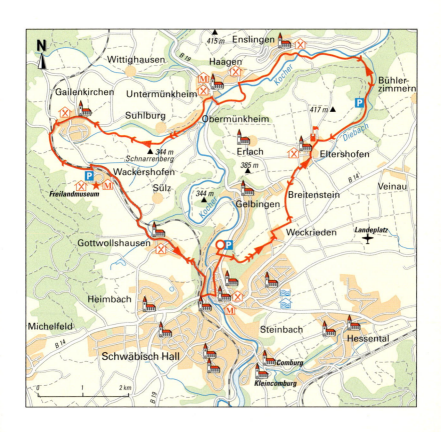

Von unserem Ausgangspunkt, einem der Parkplätze beim Diakonie-Krankenhaus in Schwäbisch Hall, fahren wir auf die historische Altstadt zu, biegen aber unmittelbar vor dem Oberen Friedhof mit der St. Nikolai-Kapelle links ab und erreichen nach einem 1,5 km langen Anstieg im engen Tal des Wertbachs den auf der Hochfläche gelegenen Ort Weckrieden. Zwischen stattlichen Bauernhöfen steigen wir nach links in der Weckriedener Straße steil zur Ortsmitte, anschließend in der Straße Pfauäcker vollends zum Ortsrand an und wenden uns wenige Meter vor dem Friedhof nach rechts auf das Sträßchen Grabenäcker. Von den letzten Gebäuden des Orts führt ein asphaltierter Wirtschaftsweg weiter, den wir nach wenigen hundert Metern auf einem links abzweigenden Wirtschaftsweg wieder verlassen. Über eine flache Kuppe hinweg, an der zur Linken gelegenen Siedlung Breitenstein vorbei und unter der ausgebauten Verbindungsstraße zwischen der B 19 und B 14 hindurch gelangen wir nach Eltershofen.

Die Schloßgasse führt nach links durch den Ort hindurch und am Ortsende an einem Schlößchen vorbei. Kurz darauf halten wir uns an einer ersten Gabelung nach links, nach 100 m an einer zweiten Gabelung rechts (Ausschilderung: Fußweg nach Geislingen; Wanderparkplatz Ölklinge), passieren den Friedhof und halten uns an einer dritten Gabelung bei einer Gärtnerei links.

Am Waldrand endet der Asphaltbelag, und ein befestigter Forstweg führt im engen, bewaldeten Tal des Diebachs in das Kochertal hinunter. Auf der Talsohle nach links, talaufwärts, gelangen wir auf Höhe der ersten Häuser von Enslingen an eine Fahrwegkreuzung, an der wir uns nach rechts wenden (Radmarkierung Landheg-Tour), den Kocher überqueren und uns in Enslingen links halten. Die Talstraße, dann ein asphaltierter Fahrweg, verläuft entlang des Flusses nach Haagen. Gleich dort, wo unser Fahrweg die Durchgangsstraße berührt, wenden wir uns nach links, überqueren den Kocher und biegen kurz nach den Sportplätzen rechts ab, um einem asphaltierten Wirtschaftsweg nach Untermünkheim zu folgen. An die Einmündung des Fahrwegs in die B 19 ist auf der Talsohle eine flache, feuchte Senke zu sehen: die spärlichen Überreste einer einstigen Wasserburg. Auf der B 19 fahren wir über den Kocher nach Untermünkheim.

 Wer sich für Bauernmöbel und -malerei interessiert, sollte in **Untermünkheim** Halt machen, um das Rößler-Haus zu besichtigen. Hier lebten im 18./19. Jh. der Schreinermeister Johann Heinrich Rößler und dessen Sohn Michael, beide Meister der

Hohenlohischen Bauernmalerei. Auch die Kirche St. Kilian wurde von Vater Rößler im Jahr 1788 ausgemalt.

Wer gleich weiterfahren möchte, biegt noch vor der Ortsmitte, kurz nach der Kocherbrücke, links ein in die Suhlburger Straße (Ausschilderung: Obermünkheim), die entlang des kanalisierten Schmiedbachs und an teils recht stattlichen Gehöften und Fachwerkhäusern vorbei durch Obermünkheim hindurchführt. Am Ortsende überqueren wir ein Bächlein und folgen einem asphaltierten Wirtschaftsweg - hier am Ortsrand ein Spielplatz - zwischen Wiesen und Feldern recht steil auf die Hochfläche hinauf und nach Gailenkirchen.

Auf der Ortsdurchgangsstraße fahren wir geradeaus in die Ortsmitte, überqueren einen Bach und biegen nach 30 m rechts ab in die Weißensteinstraße, die zum Ortsrand ansteigt. Vor dem Bahnhof wenden wir uns nach links, überqueren die Bahnlinie Schwäbisch Hall - Künzelsau und erreichen am Fuß der bewaldeten Waldenburger Berge und entlang der Gleise das Freilandmuseum Wackershofen.

Info

Freilandmuseum Wackershofen: Das Museum mit seinen über 40 Gebäuden, die meisten aus dem 18. und 19. Jh. stammend, ist zur Zeit das größte der sieben Freilandmuseen in Baden-Württemberg. Auf einem weitläufigen Gelände wurden die Gebäude jeweils in Gruppen zusammengestellt, so daß verschiedene Gebäudekomplexe entstanden: das "Hohenloher Dorf" mit großen Höfen und kleinen Tagelöhnerhäusern, mit Viehwaage und Schafscheune; die "Weinlandschaft" mit Keltern, Winzerhäusern und einer Besenwirtschaft, in der am Wochenende Wein ausgeschenkt wird; die "Waldberge" mit einem typischen Waldbauernhof und einer Säge. Auch die Umgebung wurde entsprechend angelegt, also ein Weinberg in der "Weinlandschaft", ein Ententeich und Felder beim "Hohenloher Dorf", wodurch ein überzeugender Eindruck von Echtheit entsteht. Die Gebäude sind eingerichtet und vermitteln so einen lebendigen Einblick in das ländliche Leben der Vergangenheit.

Auf der von Gailenkirchen kommenden, zeitweise auch stärker befahrenen Straße wenden wir uns nach rechts und steigen leicht an. Nach wenigen hundert Metern folgen wir einem Wirtschafts- bzw. Radweg (Radmarkierung) links neben der Straße und der Bahngleise nach Gottwollshausen, fahren auf der Durchgangsstraße in die Ortsmitte und, wo die Durchgangsstraße eine kräftige Rechtskurve beschreibt, geradeaus in der leicht ansteigenden Straße Riegeläcker (Radmarkierung) zum Ortsende. Die für den KFZ-Verkehr gesperrte Straße führt sehr steil - mit Blick auf die historische Altstadt - hinunter nach Schwäbisch Hall. Zunächst unterqueren wir eine Bahnlinie, kreuzen anschließend die mehrspurig ausgebaute B 14/19 und überqueren kurz danach auf einer alten Bogenbrücke den Kocher.

Info

Zeit sollte man sich nehmen für die Besichtigung der ehemaligen Reichsstadt **Schwäbisch Hall**, deren historische Altstadt malerisch auf beiden Seiten des Kochers liegt und verbunden ist durch die Henkersbrücke. Trotz dreier Stadtbrände blieben Türme der mittelalterlichen Stadtbefestigung, der beeindruckende Marktplatz mit dem Münster sowie prächtige Häuser vom 13. - 19 Jh. erhalten, die vom einstigen Reichtum der Stadt zeugen.

Grundlage dafür war der Handel mit Salz - "hall" ist das keltische Wort für Salz -, das hier aus einer natürlichen Solequelle gewonnen wurde. Wie Ausgrabungen zeigten, hatten bereits die Kelten um 600 v. Chr. die Bedeutung dieser Quelle entdeckt, die später durch einen Bergrutsch verschüttet und erst um 800 n. Chr. wieder freigelegt wurde. In der Umgebung der Quelle wuchs eine Siedlung, die im 12. Jh. in den Besitz des Adelsgeschlechts der Staufer kam. Die Staufer gründeten hier eine Münzpräge, in der bis ins 16. Jahrhundert die sogenannten "Heller" geprägt wurden, und erklärten die Siedlung zur Stadt, womit sie das Recht erhielt, eine wehrhafte Stadtbefestigung zu errichten.

Da trotzdem immer wieder adlige und kirchliche Herren versuchten, die Stadt unter ihre Kontrolle zu bringen, wurde sie im Jahre 1276 vom damaligen Kaiser Rudolf von Habsburg zur Reichsstadt erhoben, was sie bis 1803 blieb. Dann wurde die Stadt dem Königreich Württemberg zugesprochen und die Saline vom Staat übernommen. Im Jahr 1924 wurde die Salzherstellung eingestellt, die Salinengebäude auf dem direkt am Kocher gelegenen Haalplatz abgebrochen. Heute versorgt die Solequelle nur noch das Solebad, deutet auf dem Haalplatz nur noch eine Einfassung auf die einst so gewinnbringende Quelle hin.

Vom Haalplatz - heute ein Parkplatz - aus bietet sich ein schöner Blick auf die Altstadt rechts und links des Kochers. Von hier gelangt man über den holzgedeckten Sulfersteg und den Steinernen Steg, die beide den hier durch Inseln geteilten Kocher überbrücken, vorbei am Keckenturm, einem gut erhaltenen romanischen Adelsturm, und durch enge Gassen hinauf zum Marktplatz, der mit dem an höchster Stelle stehenden Münster St. Michael nicht zu verfehlen ist. Beim ersten Blick fällt vor allem die bis zu 70 m breite Freitreppe auf, die vom Platz zum Kirchenportal hinaufführt. Auf den 54 Stufen finden jeden Sommer von Juni bis August Freilichtspiele statt. Sehenswert ist aber auch die Häuser rund um den Marktplatz - das barocke Rathaus, die Häusergruppe aus dem 16. Jh. mit prachtvollen Portalen und geschwungenen Giebeln links davon, die stattlichen Fachwerkhäuser, u.a. das Clausnitzerhaus - sowie der ungewöhnliche Fischbrunnen mit dem Pranger, beide gotisch.

Aus romanischer Zeit stammen die unteren vier Stockwerke des Turms des Michaelsmünsters. Besonders schön ist die Vorhalle mit dem Portal und den Säulen, von denen eine die Statue des Erzengels Michael (um 1300) trägt, unter der im Mittelalter Gericht gehalten wurde. Das gotische Langhaus ist für eine evangelische Kirche ungewöhnlich reich ausgestattet, was wohl dem Reformator Johannes Brenz zu verdanken ist, der im Jahr 1522 hierher als Prediger berufen wurde und sich gegen die mit der Reformation einsetzende "Bilderstürmerei" ausgesprochen hatte. Nähere Betrachtung verdienen vor allem der Hochaltar (1460-70) mit seinen knapp 50 Schnitzfiguren, das Kruzifix des Ulmer Holzschnitzers Michael Erhard über dem Altar und, an einer Säule daneben, das steinerne Sakramentshäuschen (1438), in dem früher die geweihten Hostien aufbewahrt wurden.

Über den Steinernen Steg erreicht man die historische Altstadt von Schwäbisch Hall, in der prächtige Fachwerkhäuser erhalten sind

In der teilweise zur Fußgängerzone erklärten Altstadt, deren Sträßchen größtenteils als Einbahnstraßen eingerichtet wurden, gelangen wir geradeaus durch die Neue Straße auf den Marktplatz mit dem Rathaus und dem Münster. Durch die Mohrenstraße, in ihrer Fortsetzung durch die Gelbinger Gasse erreichen wir die mehrspurige B 14/19, halten uns wenige Meter nach links und biegen rechts ab auf die Heilbronner Straße (B 19), auf der wir wenig später zu unserem Ausgangspunkt zurückkehren.

4

Über die Haller Ebene zur Veste Vellberg

Haller Ebene wird zwar das Gebiet zwischen Schwäbisch Hall und Ilshofen genannt, durch das diese Tour führt, dennoch sollte man sich dadurch nicht zu der Annahme verleiten lassen, es handle sich um eine Tour ohne Anstrengungen. Denn zweimal wird das recht tief eingeschnittene, landschaftlich reizvolle Bühlertal gequert.

Info Im einstigen mittelalterlichen Landstädtchen **Ilshofen**, das am alten Fernweg Hall - Nürnberg lag, blieb aufgrund schwerer Beschädigungen im 15. Jh. und im 2. Weltkrieg - die Stadt wurde dabei zu 60% zerstört - von der einstigen Stadtbefestigung nur der sogenannte Haller Torturm aus dem Jahr 1609 übrig. Heute ist Ilshofen ein Wirtschaftszentrum mit Gewerbegebiet und modernem Einkaufszentrum.

Toureninfos

 37 km.

 Ilshofen, Parkplatz an Schule und Sportanlagen.

 Größtenteils markiert. Mehr als die Hälfte der Tour verläuft auf asphaltierten Wirtschaftswegen bzw. kaum befahrenen Fahrwegen; auf stärker befahrene Straßen stößt man nur um und in Vellberg (ca. 2 km). Zwei steile Anstiege aus dem Bühlertal zur Hochfläche, wo es ständig leicht auf und ab geht.

 In Großaltdorf; in Talheim Gasthof Ochsen (RT Mo); in Vellberg, u.a. Gaststätte zum Ochsen mit Terrasse (RT Mo) und Café/Restaurant Schloß Vellberg; in Sulzdorf; in Oberscheffach Landgasthof zum Falken mit Biergarten (RT Di); in Ilshofen u.a. Brauerei-Gasthof Post (RT Sa).

 Freibad in Ilshofen; Mineralfreibad in Vellberg.

 Vellberg, Heimat- und Naturmuseum, neben dem Sixischen Turm; geöffnet Ostern-Ende Okt. sonn- und feiertags 14.30-16.30.

 Stadtverwaltung, Am Markt 6, 74532 Ilshofen, Telefon 0 99 04/702-0.

Vom Parkplatz beim Sportgelände am Ortsrand von Ilshofen halten wir uns entlang dem Rand einer Wohnsiedlung nach links, leicht bergab, in die flache Talsenke der Schmerach, biegen nach 600 m auf der Talsohle links ab auf ein Sträßchen und wenden uns wenig später an einer Kläranlage nach rechts (Radmarkierung Hohenlohe Tour). Auf einem asphaltierten Fahrweg überqueren wir zwischen Wiesen und Feldern eine niedere Erhebung und folgen an der nächsten Fahrwegkreuzung dem nach links leicht ansteigenden Fahrweg (Radmarkierung) in Richtung Eckartshausen zu einer weiteren Kreuzung. Hier biegen wir rechts ab (Radmarkierung) und gelangen durch eine offene, sanft gewellte Landschaft nach Gaugshausen.

Auf der Hauptstraße durchfahren wir den Ort, überqueren am Ortsende die Bahnlinie Schwäbisch Hall - Crailsheim und biegen sofort rechts ab (Radmarkierung). Ein asphaltierter Wirtschaftsweg verläuft unmittelbar entlang der Gleise in Richtung Großaltdorf. Kurz vor dem Ortsrand weist uns die Radmarkierung nach links in das flache Tal des Aalenbachs hinunter und entlang des Bächleins um eine Wohnsiedlung herum zur Straße, die durch den alten Dorfkern führt.

Gegenüber der Kirche folgen wir der links abzweigenden Kirchbergstraße (Radmarkierung), verlassen sie aber schon nach 100 m wieder nach links (Radmarkierung), passieren den Friedhof, biegen an einem großen Scheunengebäude links ab (Radmarkierung) und steigen kurzzeitig am flachen Hang des Aalenbachs an. Auf einem rechts abzweigenden Wirtschaftsweg (Radmarkierung) überqueren wir die Straße Kleinaltheim - Steinehaig und gelangen im Aalenbachtal in leichtem Auf und Ab entlang dem Waldrand nach Talheim. In Fahrtrichtung ist die auf der Erhebung Stöckenburg thronende Kirche zu erkennen.

Der Radmarkierung folgen wir nach rechts bergab durch den alten Dorfkern von Talheim, halten uns auf der Durchgangsstraße nach links und passieren die Erhebung Stöckenburg. Ein Abstecher (hin und zurück 1 km) hinauf ist zwar steil, lohnt sich aber wegen der Kirche.

Info

Auf dem Bergrücken **Stöckenburg** befand sich bereits zur Keltenzeit eine Fliehburg und stand im 5./6. Jh. eine Königsburg der Merowinger. Ob es damals bereits auch eine Kirche gab, ist ungewiß; erwähnt wird eine Martinskirche erst im Jahr 822. Damals gab es im weiten Umkreis noch keine Kirche, weshalb sie als Urkirche bezeichnet wird, von der aus die Christianisierung des umliegenden Landes erfolgte. Die heutige Kirche stammt aus dem 15. Jh. Besonders sehenswert sind die Grabdenkmäler und der Altar (um 1500).

Nach Überqueren des Flüßchens Bühler steigt die Straße am Fuß der imposanten Befestigungsmauer auf 500 m Länge steil an zu der auf einem felsigen Bergsporn gelegenen winzigen Altstadt von Vellberg.

Info

Das Befestigungswerk der einstigen **Veste Vellberg** ist noch komplett erhalten: Bastionen, Türme, ein unterirdischer Wehrgang, der vom Pulverturm aus - erkennbar an seinem gelb gestrichenen Fachwerkaufsatz - betreten werden kann. Zugänglich ist die einstige Festung, die noch immer durch einen Graben von dem modernen Ortsteil getrennt ist, nur durch einen Torturm. Zentrum des in seinen Ausmaßen recht überschaubaren "Städtles" ist der Marktplatz mit dem Weinbrunnen und den restau-

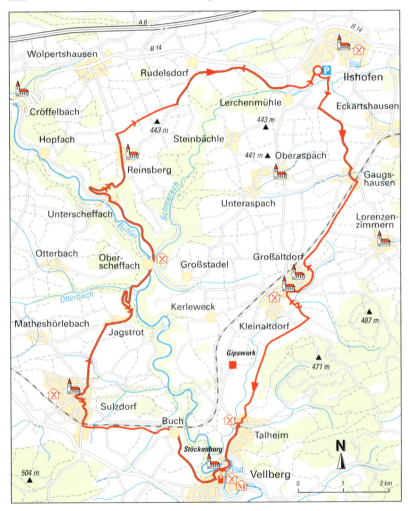

rierten Fachwerkhäusern. u.a. dem Gasthaus "Zum Ochsen", wo seit 1521 Gäste bewirtet werden. Einkehren kann man heute auch in dem sich an den Marktplatz anschließenden Schloß. Das in der Mitte des 16. Jh. erbaute Schloß ist der Nachfolger einer mittelalterlichen Burg, die auf der Spitze des schiffsbugartigen Bergsporns erbaut wurde, gegenüber dem Bergrücken Stöckenburg mit der Martinskirche.

Vom Vellberger Stadttor folgen wir geradeaus der zeitweise stark befahrenen Straße in Richtung Schwäbisch Hall (Radmarkierung) steil bergauf zum Ortsrand, wo wir nach rechts abbiegen auf die Landstraße nach Buch (Radmarkierung). Mit Blick auf das Bühlertal und die Kirche

Nicht nur der Pulverturm, auch die gesamte Befestigungsanlage der einstigen Festung Vellberg ist bis heute erhalten

auf der Stöckenburg erreichen wir in leichtem Auf und Ab den Weiler Buch und biegen kurz nach den letzten Häusern, unmittelbar vor der Straßenbrücke über die Bahnlinie Schwäbisch Hall - Crailsheim, links ab (keine Ausschilderung) auf einen asphaltierten Wirtschaftsweg, der entlang der Gleise nach Sulzdorf führt.

Nach rechts, über die Gleise, fahren wir in den Ort hinein und steigen an zu einer Vorfahrtsstraße im Ortszentrum. Ihr folgen wir nach rechts in Richtung Tüngetal, verlassen sie aber wenig später, 50 m nach einer Linkskurve der Ortsdurchfahrt, wieder nach rechts in Richtung Großaltdorf/Oberscheffach (Radmarkierung). Auf der sanft gewellten Hochfläche passieren wir die wenigen Bauernhöfe von Jagstrot und folgen der Straße in Kehren hinab (6%) in das enge, bewaldete Bühlertal.

Auf der Talsohle radeln wir bequem talabwärts, überqueren im Weiler Oberscheffach das Flüßchen Bühler und biegen links ab in Richtung Cröffelbach/Unterscheffach. Das ruhige Landsträßchen führt wenige Meter oberhalb der Talsohle nach Unterscheffach, wo am Ortsrand eine kleine gedrungene Kirche auffällt: die Allerheiligenkapelle aus dem 11./12. Jh. (Schlüssel beim Mesner). Am Ortsende verlassen wir die Talsohle und folgen nach rechts in Richtung Wolpertshausen/Reinsberg einem am Talhang steil ansteigenden Sträßchen (8%) etwa 1,5 km weit hinauf zur Hochfläche und nach Reinsberg. Geradeaus durch das Dorf in Richtung Wolpertshausen, dann, etwa 300 m nach dem außerhalb gelegenen Friedhof, biegen wir rechts ab auf ein sehr schmales Sträßchen, das nahezu schnurgerade über eine niedere Kuppe hinwegführt und in die Straße Reinsberg - Rudelsdorf einmündet. Auf ihr halten wir uns links, biegen aber kurz darauf an einem großen Aussiedlerhof wieder rechts ab.

Auf einem für den KFZ-Verkehr offenen Fahrweg halten wir uns nach 50 m an einer Gabelung links und erreichen, vorwiegend leicht bergab und parallel zu der in geringer Entfernung verlaufenden B 14, Schwäbisch Hall - Ilshofen, die querlaufende Straße nach Oberaspach. Diese überqueren wir, passieren die Lerchenmühle und den Lerchensee und gelangen zum Rand einer Ilshofener Wohnsiedlung, an der wir entlangfahren. An einer Querstraße biegen wir links, anschließend rechts ab und kehren auf der leicht ansteigenden Aspacher Straße, die uns schon vom Tourbeginn her bekannt ist, zurück zu unserem Ausgangspunkt bei den Sportanlagen.

5

Nach Kirchberg, der "Perle" des oberen Jagsttals

Toureninfos

 40 km.

START Crailsheim, Parkplatz bei der Festwiese in der Nähe der Sportanlagen (Stadtrand in Richtung Mariäkappel/Feuchtwangen). Eisenbahnknotenpunkt.

Erste Hälfte der Tour bis Gaggstatt durchgängig markiert; die zweite Hälfte weitgehend ohne Markierung. Zum größten Teil auf ruhigen Landsträßchen, zunächst im Jagsttal bequem talabwärts, dann ein langgezogener Anstieg - bei Besichtigung von Kirchberg ein weiterer Anstieg - auf die Höhe.

In Tiefenbach; in Mistlau Dorfschenke "Zur Lindenau" mit Garten (Di-Fr ab 18, Sa/So ab 11 Uhr); Cafés und Gaststätten in Kirchberg; in Gaggstatt; Gaststube bei der Hammerschmiede Gröningen (ganzjährig geöffnet); Brauereiwirtschaft Wacker in Gröningen. Bewirtung im Vereinsheim "Villa" im Vogelpark Beuerlbach (April-Okt. an So u. Fei von 10-22 Uhr); in Crailsheim.

Freibad und Hallenbad in Crailsheim.

Crailsheim, Fränkisch-Hohenlohisches Heimatmuseum, bekannt für seine Fayencen- und Geigensammlung; geöffnet Di 9-13, Mi 16-20, Sa 14-18 und So 11-18 Uhr. Kirchberg, Sandelsches Museum mit den Abteilungen Erzgebirgisches Volkskunstmuseum, Schulmuseum Hohenlohe-Franken und Schaeff-Stiftung; geöffnet April-Sept. So 10-12 und 14-16 Uhr. Gaggstatt, Jugendstilkirche; geschlossen, aber Schlüssel erhältlich, s. Anschlag an der Kirchentür. Gröningen, Hammerschmiede, April-Okt. täglich außer Mo 10-18 Uhr, Nov.-März nur nach Voranmeldung. Beuerlbach, Vogelpark, täglich geöffnet von 9 Uhr bis zum Einbruch der Dunkelheit, Zutritt frei.

 Städtisches Verkehrsamt, Postfach 1465, 74554 Crailsheim, Telefon 0 79 51/40 3-1 11.

 Fahrradgeschäft Grund, Tel. 0 79 51/76 07.

Die moderne, geschäftige Stadt Crailsheim ist Ausgangspunkt, das eher verträumt wirkende, malerische Städtchen Kirchberg der Wendepunkt der Tour. Beide liegen im idyllischen oberen Jagsttal, durch das die erste Hälfte der Tour führt. Anstrengender wird der Rückweg über die Höhe, doch bieten sich mehrere Möglichkeiten für "Verschnaufpausen": die Besichtigung der Kirche in Gaggstatt und der Hammerschmiede von Gröningen sowie der Besuch des Vogel- und Tierparks in Beuerlbach.

Von alter Bausubstanz ist in der Stadt Crailsheim nicht mehr viel zu sehen, denn sie wurde in den letzten Wochen des 2. Weltkriegs weitgehend zerstört. So wurde aus der einstmals mittelalterlichen Stadt, die über Jahrhunderte aufgrund ihrer Lage am Kreuzungspunkt zweier wichtiger Straßen ein Zentrum der Markgrafschaft Ansbach war, durch den Wiederaufbau eine moderne Stadt, die aufgrund der Eisenbahnverbindungen und neu erbauten Autobahnen heute ein Industrie- und Einkaufszentrum ist.

Info

Crailsheim: Was der Zerstörung entging, sind, neben dem Rathausturm (1717) und Resten der einstigen Stadtmauer beim Diebsturm, vor allem die Kirchen: die Johanneskirche (1398) mit Hochaltar und Sakramentshäuschen aus dem 15. Jh., die Spitalkapelle (15. Jh.), in der heute das Heimatmuseum untergebracht ist, und die Friedhofskapelle (1570).

In Crailsheim fahren wir vom Parkplatz bei der Festwiese auf die Stadtmitte zu, überqueren die Schillerstraße (B 290) und stoßen, nachdem wir in der Ludwigstraße den Friedhof mit der Friedhofskapelle sowie den Diebsturm passierten, auf die verkehrsreiche Wilhelmstraße (B 14).

Ihr folgen wir nach rechts, halten uns aber an der Ampelkreuzung, wo die B 14 links abknickt und die Jagst überquert, geradeaus in der Bergwerkstraße. Nach 100 m biegen wir am Gymnasium rechts ab auf den Dr.-Ascher-Weg, folgen der Radmarkierung um das Gymnasium herum und durch die Schießbergstraße zum Stadtrand.

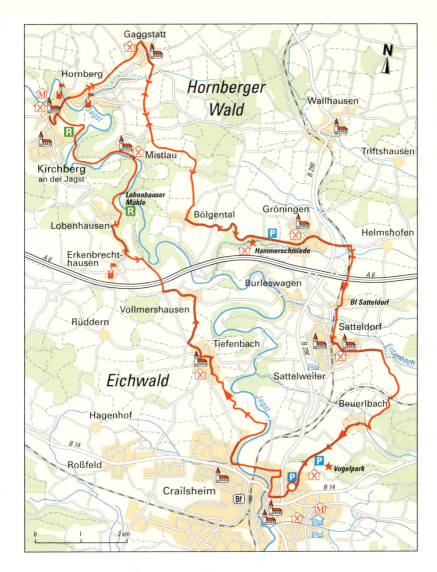

Ein asphaltierter Fuß- und Radweg führt über die Bahnlinie Crailsheim - Blaufelden, wenig später über die Jagst und mündet in die Straße Steinbruchweg ein. Talabwärts entlang der Jagst (Radmarkierung) gelangen wir zu einer Kläranlage, biegen unmittelbar davor links ab (Radmarkierung) und steigen auf einem asphaltierten Wirtschaftsweg über einen niederen Hügelrücken nach Tiefenbach an.

Im Ort gelangen wir geradeaus auf dem Eulenbergweg zur Hauptstraße, halten uns rechts und folgen kurz nach dem Ortsende der rechts abzweigenden, zwischen Wiesen und Feldern leicht ansteigenden Landstraße nach Wollmershausen.

Dort wenden wir uns auf der querlaufenden Durchgangsstraße nach links in Richtung Erkenbrechtshausen, biegen aber nach einigen hundert Metern, kurz vor der Straße Tiefenbach - Erkenbrechtshausen, rechts ab (Radmarkierung) und überqueren auf einem für den KFZ-Verkehr gesperrten Sträßchen die A 6, Heilbronn - Nürnberg. Nach kurzer Fahrt entlang der Hangkante des Jagsttals wenden wir uns an einer Weggabelung nach links zur Straße Erkenbrechtshausen - Lobenhausen und folgen ihr nach rechts entlang einem Bächlein talabwärts.

100 m vor den ersten Häusern von Lobenhausen biegen wir scharf rechts ab (Radmarkierung). Ein asphaltierter Wirtschaftsweg führt in einem engen Seitental auf den Grund des Jagsttals hinunter - hier befindet sich eine Grillstelle - und talabwärts zu den Gebäuden der Lobenmühle.

Wir folgen nach rechts in Richtung Mistlau einem Sträßchen im engen Tal der Jagst flußabwärts, überqueren bei den ersten Häusern von Mistlau den Fluß und fahren entlang der Jagst durch den etwas vergessen wirkenden Ort.

Einen Blick wert ist die **Nikolauskapelle**, die zu einem abgegangenen Nonnenkloster gehörte. Die Wandmalereien aus dem 15. Jh. zeigen Szenen aus dem Leben des Heiligen Nikolaus und aus der Passionsgeschichte.

Das sehr schmale, nur für Anlieger offene Sträßchen überquert unterhalb des auf einem Bergsporn gelegenen Städtchens Kirchberg an der Jagst den Fluß und steigt in einer weiten Talschlinge zur Durchgangsstraße in der Unterstadt an. Für einen Abstecher (hin und zurück 1,5 km) zur Altstadt mit dem Schloß folgen wir nach links der steil ansteigenden Durchgangsstraße auf den Bergsporn hinauf.

Kirchberg - der Name geht auf eine Kirche zurück, die Ende des 9. Jh. auf dem Bergsporn oberhalb des Jagsttals erbaut worden war. Im Mittelalter (um 1240) ließen sich dort die Ritter von Kirchberg nieder, deren Burg um 1400 die drei benachbarten Reichsstädte Schwäbisch Hall, Rothenburg und Dinkelsbühl erwarben und sie sicherten durch eine Befestigung, von der noch der schlanke, das Stadtbild beherrschende Stadtturm erhalten ist. Nachdem die Anlage um 1560 in den Besitz der Grafen von

Hohenlohe gekommen war, wurde die Burg zu einem Renaissance-Schloß umgebaut, in dem die Fürsten von Hohenlohe-Kirchberg von 1700 bis 1861 residierten. In dieser Zeit wurde das Schloß barock erweitert und der Hofgarten mit Orangerie angelegt. Nach 1945 verkauften die Fürsten das Schloß, in dem heute ein Alten- und Pflegeheim untergebracht ist.

Durch die Poststraße, die parallel zum Hofgarten verläuft, gelangt man zum Stadttor, durch das man den eigentlichen Schloßbezirk betritt, der noch immer durch einen Graben von der städtischen Siedlung abgetrennt ist.

Info: Um einen großen, rechteckigen Platz gruppieren sich einstige Amtshäuser, die Stadtkirche (1730); der Innenraum brannte 1929 aus; das Kornhaus von 1490 und die ehemalige Lateinschule, die heute das Sandelsche Museum beherbergt. Ganz vorn, an der Spitze des Bergsporns, steht das **Schloß**, dessen Flügel sich um einen Innenhof gruppieren. Der gesamte Komplex wird heute als Altenheim benutzt; der größte Teil der Ausstattung wurde beim Umbau nach Schloß Neuenstein gebracht. Zugänglich ist der Rittersaal bei den hier stattfindenden Schloßkonzerten.

Zur Fortsetzung der Tour fahren wir wieder hinunter ins Tal - hier verlassen wir den Jagsttal-Radweg - und halten uns kurz nach dem Überqueren der Jagstbrücke am Gasthaus Ochsen geradeaus (Radmarkierung Hohenloher Residenzweg). Auf einem Landsträßchen steigen wir, vorbei an einer Jugendherberge, äußerst steil an, ehe wir in einer leichten Abfahrt das Dorf Gaggstatt erreichen. Die Radmarkierung leitet uns geradeaus am Ortsrand entlang, über den Esbach und nach 100 m rechts zur Durchgangsstraße, die wir überqueren. Hier folgen wir nun nicht weiter der Radmarkierung nach links, sondern fahren auf der Schlözer Straße in Richtung Wallhausen und passieren dabei die stattliche Dorfkirche.

Info: Im flachen Umland von weitem zu sehen sind die auffälligen Doppeltürme der **Gaggstatter Kirche**, deren Größe und Form in dem kleinen Dorf überraschen. Dem äußeren Anschein nach scheint es sich eher um eine wehrhafte, mittelalterliche Anlage zu halten, doch beim Betreten der Kirche muß man erstaunt feststellen, daß das Kircheninnere dieser Vorstellung gar nicht entspricht. Erst zu Beginn des Jahrhunderts (1904/05) erbaute der Stuttgarter Baumeister Theodor Fischer hier, an der Stelle einer Vorgängerkirche, von der nur Teile der alten Wehrmauer erhalten sind, diese Kirche im Jugendstil. Ausgesprochen farbig und voller Symbolik ist das Kircheninnere, wo vor allem die Holzgalerie und der monumentale Leuchter auffallen.

Kurz nach dem Ortsende wenden wir uns nach rechts in Richtung Mistlau. Ein Landsträßchen führt in kräftigem Auf und Ab über zwei Straßenkreuzungen hinweg - an der zweiten Kreuzung stoßen wir auf die

Radmarkierung "Oberamtstour" -, an einigen Aussiedlerhöfen vorbei und, nach einem Rechtsknick am Waldrand, durch eine Senke nach Bölgental. Den Ort durchfahren wir in Richtung Gröningen (Radmarkierung) und erreichen auf der kurvenreichen, fallenden und wieder ansteigenden Straße wenige hundert Meter vor Gröningen einen Parkplatz, von dem aus ein Schotterweg zu einer historischen Hammerschmiede hinunterführt (Abstecher hin und zurück 1 km).

Abseits der Straße, nur zugänglich über einen rauhen Fahrweg, steht im idyllischen, schattigen Gronachtal eine alte **Hammerschmiede**. In dem kombinierten Werkstatt-Wohngebäude lebte und arbeitete zwischen 1804 und 1948 die Schmiedefamilie. Die Schmiede stellten mit Hilfe der durch die Wasserkraft betriebenen Eisenhämmer Werkzeuge für Landwirtschaft und Handwerk her. Seit 1982 ist die Hammerschmiede als Museum eingerichtet. Die Schenke neben der Werkstatt sowie die Picknicktische bieten sich an für eine Rast.

Wieder auf der Straße, erreichen wir kurz darauf Gröningen.

Gröningen: Die Kilianskapelle, mit spätromanischem Chorturm und barockem Saalbau, ist eine der Urpfarrkirchen der Gegend. Gegenüber steht das Schloß, Anfang des 17. Jh. von den Herren von Crailsheim erbaut. Zugänglich ist nur die Gaststätte im Erdgeschoß.

In Gröningen wenden wir uns auf der Durchgangsstraße nach links in Richtung Wallhausen (Radmarkierung), halten uns wenig später rechts in Richtung Ellrichshausen, passieren die Kirche und folgen der ausgebauten Landstraße (Ausschilderung: Bronnholzheim) über die B 290 hinweg. Wenig später, nur 100 m nach Unterqueren der Bahnlinie Crailsheim - Blaufelden, biegen wir rechts ab auf einen asphaltierten Wirtschaftsweg und gelangen entlang der Gleise unter der A 6, Heilbronn - Nürnberg, hindurch und am Bahnhof Satteldorf mit einem Industrie- und Gewerbegebiet vorbei, nach Satteldorf.

An einer Fußgänger-Bahnunterführung auf Höhe des alten Dorfkerns verlassen wir den Weg entlang der Gleise und folgen der Oberen Gasse, dann der Wolfsgasse durch die alte Ortsmitte, passieren die zur Linken gelegene Kirche und halten uns an zwei Straßenkreuzungen jeweils geradeaus in Richtung Ellrichshausen. 500 m nach der zweiten Straßenkreuzung biegen wir, nur wenige Meter vor dem von Birken gesäumten Entenbach, rechts ab. Der nahezu eben verlaufende Wirtschaftsweg unterquert die Bahnlinie Crailsheim - Schnelldorf und führt geradeaus am Fuß eines bewaldeten Hügelrückens nach Beuerlbach. Gleich bei den ersten Häusern des Orts, links ein kleines Feuerwehrhaus, wenden wir

Malerisch auf einem Bergsporn oberhalb des Jagsttals liegt das Städtchen Kirchberg, dessen schlanker Stadtturm von weitem zu sehen ist

uns nach rechts und erreichen auf der Kühbergstraße die Ortsmitte des aus teilweise urigen Gehöften bestehenden Weilers.

Der Beuerlbacher Hauptstraße folgen wir nach links, halten uns wenig später, wo die Straße links abknickt, geradeaus, weiterhin auf der Beuerlbacher Hauptstraße (Radmarkierung Wälder-Tour), und gelangen auf einer schmalen Landstraße in leicht gewelltem Gelände zu einem Vogelpark (Ausschilderung an einem Parkplatz: Fußweg zum Vogelpark) am Stadtrand von Crailsheim.

> **Info**
>
> Ca. 45 ar groß ist das Gelände, das vom Verein der Vogelliebhaber und -züchter als **Vogel- und Tierpark** angelegt wurde: Außer zahlreichen Vogelarten, untergebracht in mehreren Volieren, werden hier auch Zwergziegen, Ponies und Damhirsche gezüchtet. Für Kinder gibt es außerdem einen Spielplatz, für die Erwachsenen am Wochenende die Möglichkeit, im Vereinsheim, der sogenannten "Villa", einzukehren.

Dieser Straße, jetzt innerörtlich Beuerlbacher Straße genannt, folgen wir weiter geradeaus durch einen Außenbezirk von Crailsheim mit einem Komplex von Schulgebäuden und Sportstätten zu unserem Ausgangspunkt am Festplatz.

6

Im Umland von Rot am See

Nicht viel Spektakuläres, "nur" beschauliche Landschaft bietet diese Radtour, die durch etwas im Abseits gelegene Dörfer führt. Mit viel Verkehr ist deshalb kaum zu rechnen, was gemütliches Radeln garantiert. Mitnehmen sollte man genügend Proviant, denn Einkehrmöglichkeiten sind selten, und Badesachen. In Rot am See, dem Ausgangspunkt der Tour, gibt es zwar keinen See mehr, der wurde schon vor langer Zeit trockengelegt, doch unterwegs bietet sich zweimal die Gelegenheit für ein Bad.

Toureninfos

km 35 km.

START Rot am See, Parkplatz bei den Sportanlagen. Station an der Bahnlinie Crailsheim - Bad Mergentheim.

Nicht durchgängig markiert. Gesamte Strecke verläuft auf Landstraßen, die jedoch sehr wenig befahren sind. Nur ein wenige hundert Meter langer, steiler Anstieg aus dem Brettachtal, ansonsten leichtes Auf und Ab.

In Kleinbrettheim; in Amlishagen Gasthof Hirsch; in Blaubach, Herbertshausen, Brettheim; Café und Gaststätten in Rot am See.

Kleines Naturfreibad (kostenlos) in Reinsberg; Badesee kurz vor Rot am See.

Amlishagen, Burgruine, Besichtigung nur nach Voranmeldung bei Herrn Burkhardt, Burgverwaltung Amlishagen, 74582 Gerabronn oder bei Fam. Bürger, Tel. 0 79 52 / 61 41. Reubach, Heimatmuseum, geöffnet Ostern bis Ende Sept. an Sonn- und Feiertagen 13-16 Uhr.

Bürgermeisteramt, Postfach 20, 74583 Rot am See, Tel. 0 79 55/ 3 81-20.

Vom Parkplatz bei den Sportanlagen in Rot am See fahren wir an den Sportanlagen vorbei, wenden uns an der nächsten Straßenkreuzung am Rand eines Wohngebiets nach rechts in den Fliederweg (Radmarkierung Hohenloher Residenzweg) und folgen der querlaufenden Gerabronner Straße nach links - nicht der Radmarkierung nach rechts folgen! -, um wenig später wieder rechts abzubiegen in die Hohebuchstraße. Durch ein Gewerbe- und Wohngebiet gelangen wir zur Querstraße Am Eichenhain und verlassen auf ihr nach links, vorbei an einem Wasserturm, den Ort.

Nach nur 200 m wenden wir uns bei den letzten Häusern an der Kreuzung zweier sehr schmaler Straßen nach rechts, nach 250 m auf einer wiederum sehr schmalen Landstraße nach links in Richtung Kleinbrettheim (jetzt wieder Radmarkierung Hohenloher Residenzweg). Auf der sanft gewellten, offenen Hochfläche mündet das schnurgerade Sträßchen in ein querlaufendes Sträßchen, das nach rechts (Radmarkierung) hinunterführt zum Weiler Kleinbrettheim, in einem Seitental der Brettach gelegen.

Gleich am Ortsbeginn überqueren wir einen Bach, steigen nach rechts an (Radmarkierung beachten) zur Ortsmitte und fahren anschließend auf die Sohle des Brettachtals hinab. Talaufwärts entlang der Brettach, dann über das Flüßchen, und wir stoßen auf Höhe eines Campingplatzes unterhalb der Burgruine Bemberg auf die Straße Brettenfeld - Amlishagen, auf der wir gleich nach links (Radmarkierung) den Blaubach überqueren und am Hang des Brettachtals 250 m weit steil ansteigen (10%).

In leichtem Auf und Ab führt die kurvenreiche Straße durch das Waldgebiet Hochholz in das Dorf Amlishagen, in dem wir rechts abbiegen - nicht der Radmarkierung geradeaus folgen! - in Richtung Wittenweiler/ Blaufelden. Ehe wir unsere Tour fortsetzen, lohnt ein kurzer Abstecher in die Dorfmitte.

Info

Amlishagen: Eine Überraschung ist die fast 20 m hohe und über 2 m starke Schildmauer mit einem holzgedeckten Wehrgang. Hoch ragt sie über die Mauerreste der in der Stauferzeit (13. Jh.) erbauten Burganlage hinaus, die auf einem Felssporn oberhalb des Brettachtals liegt. Zur Bergseite zu war die Burg durch einen Halsgraben abgetrennt. Hier steht heute ein Schloßgebäude aus dem 17. Jh., das jedoch, ebenso wie die sich anschließenden Wirtschaftsgebäude, nicht betreten werden kann, da es sich in Privatbesitz befindet. Führungen in der Burg sind nur nach Voranmeldung möglich.

Info

Auch die **Dorfkirche** (um 1760) lohnt einen Besuch: hier fällt auf, daß Altar, Kanzel und Orgel übereinander angeordnet sind. Eine solche Anordnung wird als Markgräfler Kanzel- oder Altarwand bezeichnet.

Die nach Wittenweiler/Blaufelden führende, zunächst ansteigende Straße verlassen wir etwa 500 m nach den letzten Häusern von Amlishagen: An einer schmalen Waldzunge zweigt rechts eine Landstraße ab, die in leichtem Auf und Ab über die freie Hochfläche, an einigen Aussiedlerhöfen und einem rechts der Straße gelegenen Rastplatz vorbei in den Ort Blaubach führt. Der querlaufenden Hauptstraße folgen wir nach rechts durch den Ort, steigen danach kurzzeitig im Gelände steil an und unterqueren die Bahnlinie von Crailsheim nach Blaufelden.

Die schmale Straße führt zwischen zwei kleinen Waldstücken hindurch und an den verstreut liegenden Gehöften des Weilers Schuckhof vorbei zur B 290. Um wenige Meter nach rechts versetzt überqueren wir die verkehrsreiche Bundesstraße - Aber sehr vorsichtig: hier wird leider von den Autos sehr schnell gefahren! - und folgen einer mehrere Kilometer langen, schnurgeraden und sanft abfallenden Birkenallee zwischen Feldern und Wiesen in Richtung von Engelhardshausen.

Kleine Seen, wie hier das Rückhaltebecken Seebach, sind immer eine willkommene Gelegenheit, die Radtour mit einer Rast oder gar mit einem Bad zu unterbrechen

Auf Höhe des rechts gelegenen Engelhardshausen kreuzen wir die Straße Engelhardshausen - Wiesenbach, gelangen wenig später in den Weiler Herbertshausen und geradeaus, immer leicht bergab, nach Brettheim.

Am Ortsbeginn passieren wir einen Weiher und fahren im Ort auf der Durchgangsstraße nach links in Richtung Rothenburg. Nach nur 50 m halten wir uns auf der Marktstraße geradeaus und folgen in leichtem Auf und Ab der kurvenreichen Landstraße, die durch die flache Talsenke der Brettach führt. Wo ein links der Straße sich erstreckendes Waldgebiet endet, biegen wir links ab zu den wenigen Gebäuden des Weilers Reinsbürg, wo wir am Ortsrand ein kleines Naturschwimmbecken passieren und auf einem schmalen Sträßchen nach Reubach ansteigen.

Info

Reubach: Im ehemaligen Schulhaus bei der Kirche ist heute ein Heimatmuseum untergebracht. Gegenstände des täglichen Lebens auf einem Bauernhof, Möbel, Küchenausstattung, Handwerkszeug, dies alles wurde von einer Reubacher Bauernfamilie gesammelt und liebevoll zusammengestellt, so daß die eingerichteten Räume einen lebendigen Eindruck vom einfachen Leben auf dem Lande in früheren Zeiten vermitteln.

Im Ort folgen wir der Straße in Richtung Kühnhard, passieren die Kirche und, am Ortsende, einen Grill- und Spielplatz und gelangen bequem nach Kühnhard, einem aus großen Höfen bestehender Weiler. Auf der Straße Musgasse verlassen wir in Richtung Rot am See den Ort und stoßen nach bequemer Fahrt auf eine querlaufende Straße, die uns nach rechts in den Marktflecken Musdorf bringt.

Info

Musdorf: Wer in der Woche um den 14. Oktober hier vorbeikommt, kann sich auf dem Jahrmarkt auf der Muswiese mit allem Lebensnotwendigen eindecken: An rund 300 Verkaufsständen wird zwischen Samstag und Donnerstag alles, was die Landbevölkerung braucht, angeboten, von Blumenzwiebeln bis zu Gummistiefeln. Wer lieber vespern möchte, der kann sich an einer Schlachtplatte stärken. Seit über 1000 Jahren findet dieser Markt statt, der schon im Mittelalter Händler aus ganz Deutschland anzog und bei dem, am sogenannten "Ledigentag", auch Eheschließungen besprochen wurden.

50 m links der Kirche biegen wir rechts ab, unterqueren gleich darauf die Straße Rot am See - Brettheim und steigen auf einem Sträßchen leicht an - linkerhand eine Neubausiedlung - zu einer Querstraße, der wir nach links folgen und, bequem bergab, auf Brettenfeld zuhalten. Noch vor den Häusern von Brettenfeld biegen wir am Rückhaltebecken Seebach links ab. Ein Badesteg sowie ein Grill- und Spielplatz und ein Minigolfplatz in unmittelbarar Nähe fordern geradezu zu einer Pause heraus.

Wir überqueren auf einer schmalen Straße eine niedere Kuppe und stoßen auf ein Quersträßchen. Nach rechts (Radmarkierung Hohenloher Residenzweg) steigen wir 100 weit an, biegen links ab und unterqueren kurz darauf die Bahnline Crailsheim - Blaufelden. Unmittelbar nach der Bahnunterführung wenden wir uns nach links (Radmarkierung) und gelangen entlang der Gleise nach Rot am See, wo wir unweit des Bahnhofs den Seebach überqueren und in der Ortsmitte auf die B 290 stoßen. Der stark befahrenen Bundesstraße folgen wir nach links 300 weit in Richtung Wallhausen/Crailsheim, biegen kurz vor dem Ortsende rechts ab (Ausschilderung: Sportanlagen) und kehren zu unserem Ausgangspunkt zurück.

Zu den einstigen Residenzstädtchen Langenburg und Kirchberg an der Jagst

Toureninfos

[km] 39 km.

[START] Bächlingen, beschränkte Parkmöglichkeiten bei der ehemaligen Kelter bzw. am Feuerwehrhaus.

Zu zwei Dritteln verläuft die Tour auf sehr ruhigen Landsträßchen und asphaltierten Wirtschaftswegen, ansonsten auf normal befahrenen Straßen. 3 steile Anstiege von 1,5-2 km Länge; das letzte Drittel der Tour auf dem markierten Jagsttalweg bequem talabwärts.

In Langenburg Gaststätten und Cafés, u.a. Café Bauer (im Sommer kein RT, im Winter Mo) und Schloßcafé (RT Mo); in Michelbach, Gerabronn; vor Beimbach Lauramühle mit Gartenwirtschaft und Spielplatz; in Kirchberg mehrere Gaststätten und Cafés; in Lendsiedel; in Hessenau Weinbergschenke (RT Mo); in Bächlingen Grüner Baum mit Biergarten (RT Di) und Löwen (Bauernvesper und Most).

Freibad in Langenburg; Hallenbad in Gerabronn; Flußbad in Bächlingen.

Langenburg, Schloß, Führungen Palmsonntag bis Ende Okt. Mo-Sa 8.30-12 und 13.30-18Uhr, So 8.30-18 Uhr. Langenburg, Automuseum, Öffnungszeiten wie Schloß. Langenburg, Natur-Heimat-Museum, Hintere Gasse 3, Sa/So 14-17 Uhr.

Rathaus, 74595 Langenburg, Tel. 0 79 05/91 02-0.

Erwin Kugler, Hauptstr. 71, 74595 Langenburg, Telefon 0 79 05/7 38.

Sowohl landschaftlich als auch kulturell hat diese Tour einiges zu bieten: das idyllische obere Jagsttal, in dem es weder größere Ansiedlungen noch Industriebetriebe gibt, und die beiden hohenlohischen Residenzen Langenburg und Kirchberg, beide malerisch auf einem Bergsporn über dem Tal gelegen. Nicht zu vergessen das Dorf Bächlingen, den Ausgangspunkt der Tour.

Info

Direkt an der Jagst liegt der Ort **Bächlingen**, in dem neben der wiederaufgebauten Archenbrücke - sie wurde im 2. Weltkrieg zerstört - und der alten Kelter (17. Jh.) vor allem die Kirche sehenswert ist. Die rund 1000 Jahre alte Kirche, eine der Ur- und Taufkirchen der Gegend, wirkt äußerlich recht einfach. Im Chor erstaunen deshalb die Wandmalereien, die, zwischen 1320 und 1340 entstanden und nach der Reformation mit einer dicken Kalkschicht übertüncht, im Jahr 1954 freigelegt und wiederhergestellt wurden. Eine weitere Besonderheit ist der Epitaph des Ritters von Rezzo, ebenfalls um 1320 gefertigt. Die Ausstattung der Dorfkirche mit diesen kunstgeschichtlichen Besonderheiten ist wohl darauf zurückzuführen, daß sie die Herrschaftskirche der Herren von Langenburg war, später die der Grafen von Hohenlohe. Etwas talabwärts entspringt eine Mineralquelle, deren heilkräftiges Wasser gegen Magen- und Gallebeschwerden helfen soll.

Von der ehemaligen Kelter in Bächlingen fahren wir auf der im Jagsttal verlaufenden Durchgangsstraße nach links, vorbei an der Archenbrücke, zur modernen Jagstbrücke, wenden uns erneut nach links in Richtung Langenburg und folgen dort, wo die Straße nach Langenburg rechts abknickt, geradeaus der Alten Steige, die in einem weiten Linksbogen steil nach Langenburg hochführt. Stets mit Blick auf das malerisch auf einem Bergsporn gelegene Städtchen mit dem beeindruckenden Schloß schieben wir unsere Räder auf dem breiten Schotterweg zu dem Städtchen hoch.

Wer konditionsstark ist und statt schieben lieber strampeln möchte, der kann auch die Autostraße nach Langenburg benutzen, die in weiten Kehren zur Talkante hochführt. Beide Strecken treffen am Ortsanfang von Langenburg aufeinander.

Info

Wie die meisten Residenzen der Hohenloher Fürsten, so liegt auch **Langenburg** auf einem Bergsporn, an dessen Spitze das Schloß steht. Von dort führt die Hauptstraße schnurgerade zum Stadttor; entlang der Straße Fachwerkhäuser, Gastwirtschaften, Cafés, ein paar kleine Geschäfte, die Kirche - das ist schon der gesamte alte Ortskern. Ein gemütliches Städtchen, in dem es an schönen Wochenenden jedoch sehr lebhaft zugehen kann, denn Langenburg ist ein beliebter Ausflugsort.

Hauptanziehungspunkt ist das **Schloß**, das zwar noch heute Residenz derer zu Hohenlohe-Langenburg ist, aber im Rahmen von Führungen teilweise besichtigt werden kann. Das Schloß, an der Stelle einer mittelalterlichen Burg erbaut und seit 1585

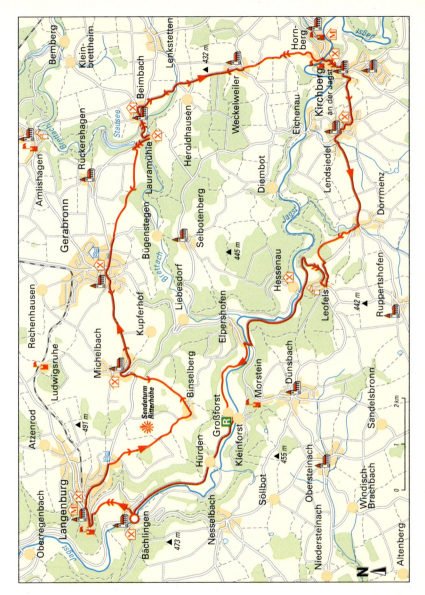

Residenz, erhielt seine heutige Form - ein rechteckiger Gebäudekomplex, der einen Innenhof einschließt - im Jahr 1610. Doch sind nicht mehr alle Gebäudeteile im Original erhalten, denn bei einem Brand im Jahr 1963 wurden der Ost- und Nordflügel größtenteils zerstört, jedoch in alter Form wieder aufgebaut. Zugänglich bei Führungen ist u.a. der Innenhof, der als einer der schönsten Renaissancehöfe Deutschlands

Info

gilt, der "Bretterne Gang" mit Waffensammlungen, das Bibliothekszimmer sowie das Königszimmer. Durch kluge Heiratspolitik während der vergangenen Jahrhunderte ist das Haus Hohenlohe-Langenburg mit dem internationalen Hochadel verwandtschaftlich verbunden, auch mit dem englischen Königshaus. Die verstorbene Fürstin Margarita zu Hohenlohe-Langenburg war die Schwägerin der englischen Königin Elisabeth, die im Jahr 1965 hier zu Besuch weilte.

Ein weiterer Touristenmagnet ist das im ehemaligen fürstlichen Marstall durch die Schloßherren eingerichtete **Deutsche Automuseum**.

Außer dem Café im Rosengarten des Schlosses gibt es weitere Einkehrmöglichkeiten im Ort, z. B. das **Café Bauer** an der Hauptstraße, das Stammhaus der berühmten Langenburger "Wibele". Dieses knusprige Kleinstgebäck mit Vanillegeschmack soll, so wird erzählt, durch einen Zufall vor rund 200 Jahren entstanden sein, als nämlich ein Tropfen Teig auf einem Backblech trocknete, wobei er die Form einer 8 annahm. Der damalige Fürst bezeichnete es, nach dem Namen des Konditormeisters Wibel, als "Wibele". Bestellungen aus aller Welt gingen ein, die damalige Königin Victoria von England ernannte den Konditor zu ihrem Hoflieferanten. Urkunden im Fenster des Cafés belegen diese unglaubliche Erfolgsgeschichte.

Auf der Hauptstraße verlassen wir durch das einstige Stadttor die Altstadt, halten uns an einer Straßengabelung nach rechts in Richtung Michelbach/Gerabronn und biegen am Ortsrand rechts ab in Richtung Binselberg. Eine sehr schmale Landstraße führt über die sanft gewellte Hochfläche, vorbei am Sendeturm auf der Ritterhöhe, durch den urigen Weiler Binselberg und nach Michelbach. Der Durchgangsstraße folgen wir nach rechts (Radmarkierung Oberamtstour) durch den Ort und steigen auf einem Fuß- und Radweg entlang der streckenweise schnurgeraden Landstraße zunächst leicht an, ehe wir in bequemer Fahrt den etwas größeren Ort Gerabronn erreichen.

Info

Gerabronn: Gleich am Ortsanfang fällt der Turm (1731) des Michelbacher Tores auf, der Überrest der einstigen Stadtbefestigung, und am Marktplatz erregen einige schöne Bürgerhäuser Aufmerksamkeit.

Auf der Hauptstraße durchfahren wir das Ortszentrum in Richtung Rot am See und halten uns 100 m nach einem links der Straße gelegenen Teich an einer Straßengabelung nach rechts in Richtung Bügenstegen. An einer kleinen Feldscheune kurz nach dem Ortsende biegen wir links ab (keine Ausschilderung) auf ein Landsträßchen, das durch eine flache Senke führt, den Himmelreichshof passiert und an der Kante des Brettachtals in die Straße Gerabronn - Beimbach mündet; die letzten 100 m bis zur Einmündung sind geschottert.

Mit starkem Gefälle und in einer Kehre - hier zweigt rechts ein Fahrweg ab zur Ausflugsgaststätte Lauramühle (Abstecher hin u. zurück 200 m) - führt die Straße in das Brettachtal hinunter und steigt am gegenüberliegenden Talhang wieder steil nach Beimbach an, wo wir die einstige Wehrkirche passieren. Zunächst wenden wir uns im Ort nach rechts in Richtung Lenkerstetten, am Ortsrand erneut nach rechts in Richtung Heroldhausen, halten uns in der flachen Talsenke des Beimbachs geradeaus und steigen leicht an nach Weckelweiler.

An der Kirche folgen wir der Ausschilderung in Richtung Kirchberg a.d. Jagst, halten uns nach 200 m an einer Straßengabelung links und biegen nach weiteren 50 m rechts ab. Diese Landstraße durchquert eine Senke, steigt kurzzeitig steil an und führt dann in zahlreichen Kurven, vorbei an einem riesigen Steinbruch - Vorsicht: werktags LKW-Verkehr! - und jetzt mit starkem Gefälle in das Jagsttal hinunter, von wo aus wir den steilen Bergsporn mit dem Schloß und der historischen Altstadt von Kirchberg a.d. Jagst vor uns sehen. Nach Überqueren der Jagst steigen wir auf der Hohenloher Straße einige hundert Meter weit an zum Frankenplatz, dem Ortszentrum auf der Höhe des Bergrückens. Ein Abstecher nach rechts in die Poststraße bringt uns zur historischen Altstadt.

Kirchberg: siehe Tour 5.

Zur Fortsetzung der Tour verlassen wir den Frankenplatz auf der Lendsiedler Straße (Ausschilderung: Dünsbach/Lendsiedel) und steigen am Ortsrand an. Der Jagsttal-Radweg führt hier nach rechts in das Tal hinunter, wir halten es jedoch für sinnvoller, gleich auf der Höhe zu bleiben, und fahren deshalb in leichtem Auf und Ab nach Lendsiedel. In zahlreichen Kurven durchfahren wir den Ort in Richtung Dünsbach/Dörrmenz und erreichen, über eine flache Kuppe hinweg, das Dorf Dörrmenz.

Hier treffen wir wieder auf die Markierung des Jagsttalwegs, der wir nun bis zum Ende der Tour folgen. Wir fahren nach rechts in Richtung Dünsbach/Leofels aus dem Dorf hinaus und biegen am Ortsende rechts ab auf ein kurvenreiches Landsträßchen, das auf Leofels und die mächtige Burgruine zuhält, die von hier aus bereits zu sehen ist. Wir stoßen wieder auf die Straße Dörrmenz -Leofels und folgen ihr nach rechts. 100 m vor den wenigen Häusern des Weilers zweigt rechts ein asphaltierter Weg ab, der direkt nach Leofels führt. Für einen Abstecher zur Burgruine (hin und zurück 700 m) halten wir uns geradeaus.

Info Direkt an der Talkante steht die ursprünglich **staufische Festung** (um 1230), von der nur noch der Toraufgang sowie Mauerreste des einstigen Palas erhalten sind. Auffällig ist ein frühgotisches Doppelfenster. Die Burg, die nie gestürmt wurde, sondern nach Blitzschlägen im vorigen Jahrhundert teilweise abgerissen wurde, dient heute als Schauplatz für Theateraufführungen und Konzerte.

Zur Fortsetzung unserer Tour folgen wir der Straße steil bergab - Vorsicht: eine scharfe Kehre! - auf den Grund des Jagsttals, passieren die wenigen, malerisch gelegenen Gehöfte von Hessenau und radeln im recht engen, gewundenen Tal zwischen bewaldeten Hängen bequem talabwärts. Bei Elpershofen überqueren wir den Fluß, biegen unmittelbar nach der Brücke links ab und gelangen, streckenweise einige Meter erhöht am Hang und mit Blick auf das an der gegenüberliegenden Hangkante sitzende Schloß Morstein, zu den wenigen Gebäuden von Großforst.

Unmittelbar vor der Jagstbrücke halten wir uns rechts in Richtung Bächlingen - am Ufer ein Grillplatz - und fahren, nun wieder auf der Talsohle, weiter talabwärts nach Hürden, wo wir die Talstraße nach links verlassen, die Jagst überqueren und auf einem asphaltierten Wirtschaftsweg entlang der Jagst wieder zu unserem Ausgangsort Bächlingen zurückkehren. Wem am Ende der Tour nach Baden zumute ist, kann dies in der Jagst bei der Mosesmühle tun.

Reste von Stadtmauern, Türmen, Wehrgängen und Gräben zeugen von der einstigen Wehrhaftigkeit vieler Orte im Hohenloher Land

Idyllisch ist vor allem der obere Teil des Jagsttals,
<< wo nur kleine Ortschaften wie Bächlingen liegen

8

Ländliche Idylle und ein interessantes Museum im oberen Jagsttal

Von dem hoch über dem Jagsttal gelegenen Residenzstädtchen Langenburg geht es flott bergab und durch einen ausgesprochen reizvollen Teil des Tales nach Unterregenbach, einem kleinen Dorf mit großer Vergangenheit. Nach Besichtigung des Museums und der Krypta sowie gemütlicher Fahrt durch ein ruhiges Seitental kann man sich im Ausflugslokal Hertensteiner Mühle stärken, bevor man den Anstieg nach Langenburg in Angriff nimmt.

Toureninfos

- 29 km.

- Langenburg, Parkplatz vor dem Schloß.

- Über weite Teile verläuft die Tour auf schmalen, ruhigen Landstraßen, insgesamt 5 km auf Radwegen entlang der Straße bzw. auf befestigtem Forstweg. Die ersten Kilometer der Tour talabwärts im Jagsttal, dann ein 5 km langer, sanfter Anstieg zur Hertensteiner Mühle; dem folgt ein sehr steiler Abschnitt auf die Hochfläche. Nur streckenweise markiert.

- In Eberbach; Ausflugslokal Hertensteiner Mühle mit Garten (RT Mo); in Michelbach; in Langenburg Gaststätten und Cafés, u.a. Café Bauer (im Sommer kein RT, im Winter Mo) und Schloßcafé (RT Mo).

- Freibad in Langenburg.

- Unterregenbach, Grabungsmuseum, ganzjährig täglich 9-11.30 und 14-17.30 Uhr.

- Rathaus, 74595 Langenburg, Tel. 0 79 05/91 02-0.

- E. Kugler, Hauptstr. 71, 74595 Langenburg, Tel. 0 79 05/7 38.

▨ **Langenburg:** s. Tour 7

Vom Parkplatz vor dem Schloß in Langenburg fahren wir auf der Hauptstraße durch die Altstadt, die sich auf dem Bergrücken entlangzieht,
und biegen kurz nach dem alten Stadttor links ab in Richtung Künzelsau. Mit 7% Gefälle und in einer Kehre führt die Straße in das Jagsttal hinunter, wo wir uns an einer Kreuzung geradeaus halten. Kurz darauf überqueren wir an der Königsmühle die Jagst - hier stoßen wir auf
die Radmarkierung des Jagsttalwegs, der wir bis Eberbach folgen - und
biegen sofort nach der Jagstbrücke bei den ersten Häusern des Weilers
Oberregenbach rechts ab. Auf der Talsohle führt eine schmale Landstraße entlang des mäandernden Flusses talabwärts nach Unterregenbach.

Info

Unterregenbach: Das idyllisch in einer Jagstschleife gelegene Dörfchen mit dem
Fachwerk-Kirchlein St. Veit wirkt etwas vergessen. Und doch ist Unterregenbach ein
Begriff unter Kunsthistorikern und Archäologen. Diese sind ausschließlich an dem interessiert, was nicht auf ersten Blick auffällt, sondern unter der Erde liegt: Fundamente eines großen Gebäudekomplexes, dessen Zweck und Datierung Rätsel aufge-
ben, da der Ort in Urkunden so gut wie nicht erwähnt wird. Seit ein Pfarrer im 18. Jh.
entdeckte, daß der Keller unter dem Pfarrhaus einst die Krypta einer Kirche war, wurden immer neue Funde gemacht, wurden über Jahre hinweg Grabungen durchge-
führt, über deren Ergebnisse das Museum im Schulhaus informiert.

Die unter dem heutigen Pfarrhaus gelegene **Krypta**, die zu einer längst verschwundenen dreischiffigen Basilika aus der 2. Hälfte des 10. Jh. gehörte, ist zugänglich. Das
Besondere sind zwei Säulen mit Kapitellen, die Blattmotive zeigen. Die Originale befinden sich im Landesmuseum in Stuttgart. Auch die heutige Kirche St. Veit - mit romanischen Teilen und gotischem Chor - hatte einen älteren Vorgänger, ebenfalls eine
dreischiffige Basilika. In der Nähe wurden auch Fundamente eines großen Herren-
sitzes gefunden. Es werden Vermutungen geäußert, es habe sich bei dem gesamten
Komplex um ein Stift gehandelt.

Über eine Archenbrücke wechseln wir wieder zum anderen Flußufer
hinüber und stoßen auf die Durchgangsstraße, der wir im recht engen
Tal bequem nach Eberbach folgen. In der Dorfmitte verlassen wir den
Jagsttalweg und biegen rechts ab direkt in Richtung Schrozberg/Simp-
rechtshausen, verlassen diese Straße aber bei den letzten Häusern des
Orts nach rechts auf der Bachstraße (keine Ausschilderung) und folgen
nun einem sehr schmalen Sträßchen talaufwärts entlang des Rötelbachs. Im anfangs nur an den Hängen bewaldeten Tal steigen wir an,
wobei sich recht gut zu fahrende Strecken mit steileren Abschnitten ab-
wechseln.

Nach etwa 2 km endet der Asphaltbelag, und auf einem befestigten Forstweg erreichen wir schließlich die Straße Billingsbach - Brüchlingen und auf ihr, wenige Meter nach rechts, die Ausflugsgaststätte Hertensteiner Mühle. Wir folgen der schmalen Straße über den Rötelbach und steigen am bewaldeten Talhang auf 500 m Länge sehr steil (12%) an zu der stark gegliederten und gewellten Hochfläche. Hier stoßen wir auf die Radmarkierung "Hohenloher Residenzweg", der wir nun eine Zeitlang folgen. Zunächst fahren wir in eine Senke hinunter, steigen aber, wenige hundert Meter vor Brüchlingen, auf einem links abzweigenden Sträßchen erneut steil an zu einem querlaufenden Sträßchen, das uns nach links in ein weitläufiges Waldgebiet führt. In leichtem Auf und Ab gelangen wir zu einem Parkplatz .

Hier schwenkt der Hohenloher Residenzweg rechts ab, wir bleiben jedoch auf der Straße und passieren am Waldrand den Grillplatz "Schweizers Weide", der von knorrigen Eichen umstanden ist. Wenig später überqueren wir die Straße Langenburg - Blaufelden, kurz danach die Bahnlinie Langenburg - Gerabronn und passieren Schloß Ludwigsruhe mit seinem großen Wirtschaftshof.

Eine überdachte Holzbrücke, der Form wegen als Archenbrücke bezeichnet, überbrückt bei Unterregenbach den Flußlauf der Jagst

 Schloß Ludwigsruhe: Die einstige, im Jahre 1741 erbaute Sommerresidenz derer von Hohenlohe-Langenburg ist nicht zugänglich, da sie sich in Privatbesitz befindet.

Zwischen Wiesen und Feldern hindurch gelangen wir bequem nach Michelbach. Hier stoßen wir auf die Straße von Gerabronn nach Langenburg, auf der wir nach rechts ansteigen und ab dem Ortsrand auf einem Fuß- und Radweg entlang der Straße in Richtung Langenburg fahren.

Über eine flache Kuppe mit einem Sendeturm zur Linken erreichen wir Langenburg und schließlich wieder unseren Ausgangspunkt vor dem Schloß.

9

Über die Kupferzeller Ebene zu den Weinorten im Kochertal

Toureninfos

[km] 38 km.

[START] Künzelsau, Parkplatz Wertwiesen an der Kocherbrücke.

Größtenteils auf asphaltierten Wirtschafts- und Radwegen bzw. auf ruhigen Landsträßchen; nur im Wald zwischen Kemmeten und Waldzimmern auf befestigtem Forstweg. Zu Beginn der Tour steiler Anstieg von ca. 1,5 km Länge; ständig auf und ab auf der Hochfläche; ab Hermersberg bergab ins Kochertal und bequem talaufwärts. Nicht durchgängig markiert.

In Künzelsau, Künsbach, Künzelsau-Haag, Feßbach, Kupferzell; in Niedernhall Cafés und Gaststätten; in Ingelfingen Weinstuben und Gasthöfe, u.a. Kocherperle mit Terrasse.

In Niedernhall Solebad mit Freibad; in Künzelsau Hallenbad und Naturfreibad am Kocher.

Künzelsau, Hirschwirtscheuer, am Schloßplatz, geöffnet Mi-So 11-17 Uhr. Ingelfingen, Muschelkalkmuseum (geg. Schloß); geöffnet April-Okt. So 10-12 Uhr.

i Stadtverwaltung, Stuttgarter Str. 7, 74653 Künzelsau, Tel. 0 79 40/12 9-0.

Firma Kindtner, Tel 0 79 40/5 17 33 und Radstadel Tel, 0 79 40/ 5 84 70.

Durch ausgedehnte Wälder, an Weinbergen vorbei, über ruhige Sträßchen - beschaulich ist diese Tour, die aus dem Kochertal ansteigt und nach einem weiten Bogen über die Kupferzeller Ebene wieder in das Tal hinunterführt, wo die Weinorte Ingelfingen und Niedernhall liegen. Dort bietet sich, gegen Ende der Tour, eine Pause in einer der Weinstuben oder im Solebad an. Ausgangspunkt der Tour ist Künzelsau.

Info

Künzelsau, die Kreisstadt des Hohenlohekreises, ist, obwohl es auf fast 900 Jahre Geschichte zurückblicken kann, nicht gerade eine Touristenhochburg. Vielmehr ist es Industriestandort und Einkaufszentrum für die ländliche Umgebung, und in dem direkt am Kocher gelegenen, räumlich recht begrenzten Altstadtkern geht es dementsprechend geschäftig zu. Zwischen den Ladenfronten in der Hauptstraße und in der Schnurgasse fallen immer wieder Fachwerkhäuser auf, vor allem das Rathaus (1522), an dessen Giebelseite das Wappen der "Ganerben" prangt, d.h. der verschiedenen adligen Herren und kirchlichen Institutionen, die im Mittelalter Anteil hatten an der Herrschaft über Künzelsau. Auch das Haus Hohenlohe gehörte dazu. Eine Linie des weitverzweigten Adelsgeschlechts residierte kurzzeitig in dem im 17. Jh. erbauten Schloß, das heute eine Schule ist. Am Schloßplatz steht die sogenannte Hirschwirtscheuer, ein nach alten Plänen errichtetes Gebäude, in dem ein Museum eingerichtet wurde für die im 17./18. Jh. in Künzelsau lebende Künstlerfamilie Sommer, deren Mitglieder als Bildhauer, Schreiner und Baumeister tätig waren. Eines ihrer Werke ist der geschnitzte Triumphbogen in der Johanneskirche.

Vom Parkplatz "Wertwiesen" in Künzelsau kehren wir zurück zur Hauptstraße. Dieser folgen wir nach links in die Altstadt, wobei wir allerdings die wenigen hundert Meter schieben müssen, da es sich um eine Einbahnstraße handelt. Am Ende des Altstadtkerns wenden wir uns nach links und fahren auf der Komburgstraße talaufwärts in Richtung Kocherstetten. Nach einigen hundert Metern biegen wir an mehreren Terrassenhäusern rechts ab (Radmarkierung Schiefe Ebene) auf ein Sträßchen, das am Talhang in zwei Kehren steil ansteigt.

Auf der Höhe angekommen, passieren wir den Aussichtsturm Wartberg und erreichen zwischen Wiesen und Feldern, dann durch Wald die Straße Morsbach - Kupferzell. Nach rechts (Radmarkierung) steigen wir leicht an, durchfahren Künsbach und gelangen in der von zahlreichen Bächen und Rinnsalen durchzogenen Landschaft der Kupferzeller Ebene in den Weiler Haag. Wir bleiben auf der Straße in Richtung Kupferzell - nicht der Radmarkierung nach rechts folgen! - und erreichen den Weiler Kubach.

Am Ortsende halten wir uns an einer Straßengabelung links in Richtung Feßbach und durchqueren die Talsenke des Lietenbachs, wobei in Fahrtrichtung auf einem Höhenrücken der Waldenburger Berge das historische Städtchen Waldenburg zu sehen ist. In Feßbach folgen wir einer querlaufenden Straße nach rechts bergab nach Kupferzell.

Auch **Kupferzell**, wie kann es anders sein, war zeitweilig Residenz einer Linie des Hauses Hohenlohe. Im einstigen Schloß (1710), von einem schönen Park umgeben, ist heute eine Fachschule für Landwirtschaft untergebracht.

Die Durchgangsstraße verlassen wir in der Ortsmitte nach rechts in Richtung Ulrichsberg, unterqueren eine stillgelegte Bahnlinie und, kurz

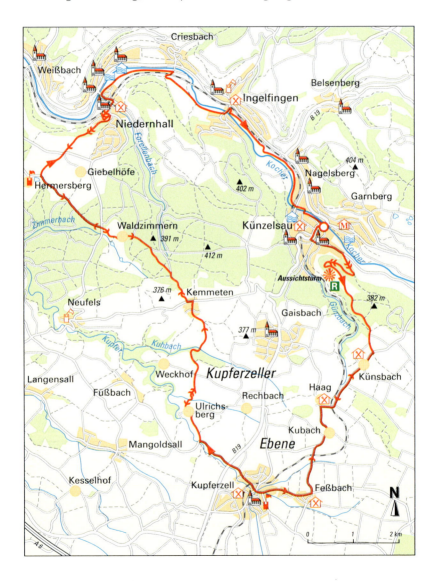

nachdem wir Kupferzell verlassen haben, die B 19, Künzelsau - Schwäbisch Hall. Dort, wo die Straße links abknickt und das Flüßchen Kupfer überquert, fahren wir geradeaus weiter (Radmarkierung Schiefe Ebene)

Zwischen den überwiegend modernen Hausfronten in Künzelsau fällt die Fachwerkfassade des Rathauses besonders auf

und steigen auf einer schmalen Straße kurzzeitig steil an nach Ulrichsberg. Bei den wenigen Gehöften dieses Weilers halten wir uns links
(Radmarkierung) und folgen einem asphaltierten Wirtschaftsweg
durch ein weiteres Tal hindurch. Anschließend überqueren wir einen
recht steil ansteigenden Hügelrücken, durchqueren das Tal des Kuh-
bachs und steigen knapp 1 km weit an zum Weiler Kemmeten.

Nur 100 m weit folgen wir der querlaufenden Neufelser Straße nach
links, ehe wir rechts abbiegen und auf einem schmalen Sträßchen zum
Waldrand ansteigen, wo der Asphaltbelag endet und das Sträßchen
sich als befestigter Forstweg fortsetzt. Dieser leicht fallende Weg mündet in einen Querweg ein, der uns nach links zu einer ausgedehnten
Lichtung bringt.

Gleich am Waldrand fahren wir an den wenigen unter Bäumen stehenden Blockhütten von Waldzimmern vorbei, anschließend, und jetzt wieder auf Asphalt, durch das weitläufige Areal der Hohenloher Baum-
schulen. Nach kurzem Anstieg überqueren wir die Straße Niedernhall -
Neufels und gelangen in einer durch zahlreiche Hügelrücken stark gegliederten Landschaft nach Hermersberg.

Info

Hermersberg: Am Rand weitläufiger Wälder wurde das Schloß, zusammen mit den
Wirtschaftsgebäuden malerisch an einem Teich gelegen, Anfang des 17. Jh. für die
Hohenloher Jagdgesellschaften errichtet. Heute ist es im Besitz eines Fabrikanten, der
das Gebäude renovierte und dadurch vor dem drohenden Verfall rettete.

An der Straßengabelung am Schloßteich wenden wir uns nach rechts
und halten uns nach einigen hundert Metern auf Höhe der zur Rechten
gelegenen Giebelhöfe in einer Rechtskurve der Straße geradeaus (keine
Ausschilderung).

Auf diesem für den KFZ-Verkehr gesperrten Sträßchen fahren wir, mit
Blick auf das Kochertal mit seinen Weinbergen, bequem in das Kochertal hinunter. Auf halber Hanghöhe stoßen wir auf die von Niedernhall
nach Neufels führende Straße und gelangen auf ihr in die Altstadt von
Niedernhall.

Info

Wie in Schwäbisch Hall, das ursprünglich als "Oberes Hall" bezeichnet wurde, so wurde auch in **Niedernhall** im Mittelalter eine Solequelle zur Gewinnung von Salz genutzt. Seit Beginn des 19. Jh. jedoch wird nur noch das Solebad mit dem salzhaltigen
Wasser versorgt, verweist auf den einstigen Handel mit Salz nur noch der Name des
Salztors, eines der Tore der Stadtbefestigung, die noch gut erhalten ist. Auch inner-

Info | halb der Mauern scheint sich nicht viel verändert zu haben: die Gassen sind eng, die Fachwerkhäuser großteils erhalten. Besonders schön ist das Rathaus und das an der Kocherbrücke stehende, im 16. Jh. erbaute Götzenhaus, das seinen Namen der Tatsache verdankt, daß Götz von Berlichingen hier einige Monate zur Schule ging. Älteren Datums ist die Laurentiuskirche (1200), die mehrfach umgebaut wurde; aus romanischer Zeit stammt jedoch noch das Tympanonrelief mit einer Darstellung des Heiligen Laurentius. In der Alten Kelter (1713) wird auch heute noch Wein verkauft, u.a. der bekannte "Distelfink", der Spitzenwein von Niederhall, und wird jährlich ein Weinfest abgehalten.

Auf der Hauptstraße durchfahren wir die recht ruhige Altstadt und biegen unmittelbar vor der Brücke über den Kocher rechts ab (Ausschilderung: Stadthalle). Wir passieren die Sportanlagen sowie das Solebad und folgen talaufwärts einem asphaltierten Wirtschaftsweg (Radmarkierung Kochertalweg), der zwischen Kocher und der Bahnlinie verläuft.

Vor einem Fabrikgelände auf Höhe von Criesbach wenden wir uns nach recht über die Gleise, biegen aber gleich wieder links ab. Auf der Talsohle führt der Weg zu einem Ortsteil von Ingelfingen, wo wir den Kocher überqueren. Wer einen Abstecher in die Altstadt von Ingelfingen machen möchte, fährt geradeaus weiter und überquert sowohl die Bahnlinie als auch die Hauptdurchgangstraße.

Info | **Ingelfingen:** Am Fuße des Talhangs zieht sich das Städtchen entlang, einzelne Gassen steigen auch an zu den Hängen, an denen Wein angebaut wird. Der Weinbau , der hier seit langem betrieben wird, prägt auch den Charakter des Ortsbildes: eine alte Kelter, Weinverkauf, Weinstuben. Das Schloß der Linie Hohenlohe-Ingelfingen, die ab 1710 hier residierte, ist heute das Rathaus. Sehenswert, da ungewöhnlich, ist der sogenannte Schwarze Hof, ein Gebäude (1597) mit einem hübsch ausgestalteten Innenhof.

Zur Fortsetzung der Tour folgen wir weiter talabwärts dem Radweg, der jetzt zwischen dem Fluß zur Rechten und einem Kanal und der Bahnlinie zur Linken in Richtung Künzelsau führt. Unterhalb des am Hang gelegenen Ortes Nagelsberg verläuft unser Weg unmittelbar am Flußufer, führt an Gewerbe- und Industriebetrieben vorbei und unterquert sowohl die Bahnline als auch eine Künzelsauer Ausfallstraße. Wenig später überqueren wir ein weiteres Mal den Kocher und kehren auf einem Fuß- und Radweg entlang des Flusses und nach Unterqueren der "alten" Kocherbrücke zu unserem Ausgangspunkt zurück.

10

Über die "Hohe Straße" zum malerischen Städtchen Forchtenberg

Die Kürze der landschaftlich ausgesprochen reizvollen Tour, die aus dem Kochertal auf den Bergrücken zwischen Kocher und Jagst hinauf und gegen Ende der Tour durch das Kochertal abwärts führt, läßt genügend Zeit für eine Badepause am Tiroler See und die Besichtigung des sehenswerten Städtchens Forchtenberg.

Toureninfos

km 25 km.

START Sindringen (Ortsteil von Forchtenberg); Parkplatz unmittelbar an der Kocherbrücke.

Das Städtchen Sindringen wurde direkt am Kocher angelegt, vor dessen Hochwasser es durch eine hohe, teils noch erhaltene Stadtmauer geschützt wurde

Vorwiegend auf sehr ruhigen Sträßchen, insgesamt 8 km auf zeitweise stärker befahrenen Straßen. Am Anfang ein 2,5 km langer, streckenweise steiler Anstieg vom Kochertal auf die Hochfläche; sonst nur kürzere Anstiege. Zu Beginn und am Ende der Tour Markierungen (Buckeles-Tour und Kochertalweg).

In Schleierhof Gasthof Hirsch mit Biergarten (RT Di); in Büschelhof Gasthof Berghof mit Terrasse (RT Mo); in Forchtenberg Café, Weinstube und Gaststätten, u.a. "Schatulle" mit Biergarten am Kocher; Gasthaus Lamm in Ernsbach (RT Mo); Gasthaus Krone in Sindringen, mit Terrasse (RT Di).

Tiroler See (Liegewiese, Umkleidekabinen, Kiosk); Flußbad in Sindringen.

Forchtenberg, Kern-Haus, geöffnet nach Vereinbarung, Telefon 0 79 47/402 oder 22 71.

Bürgermeisteramt, 74670 Forchtenberg, Tel. 0 79 47/91 11-0

▨ **Sindringen:** siehe Tour 1

Vom Parkplatz an der Kocherbrücke bei Sindringen folgen wir der Unteren Straße durch den alten Ortskern, biegen an der Volksbank links ab (Radmarkierung Buckelestour) in Richtung Holzweiler Hof und folgen nun der ansteigenden Straße Am Kaibach, vorbei am Schloß, zum Ortsrand. Hier halten wir uns an einer Gabelung rechts (Radmarkierung) und steigen auf einem schmalen Sträßchen gut 2,5 km weit recht steil an. Zunächst verläuft das Sträßchen im engen, bewaldeten Tal des Kaibachs, dann zwischen Feldern und Wiesen, führt am Holzweiler Hof vorbei und, nach links, zur sogenannten "Hohen Straße", einer uralten Straße, die wegen des sumpfigen Tals auf dem Scheitel des zwischen Jagst und Kocher sich erstreckenden Bergrückens angelegt wurde.

Auf dieser Landstraße wenden wir uns nach rechts, passieren den Weiler Edelmannshof mit einem auffällig bemalten Wasserturm und stoßen nach leichtem Auf und Ab bei dem auf einer ausgedehnten Lichtung gelegenen Weiler Neuhof auf eine Straßenkreuzung. Nach rechts, in Richtung Forchtenberg, erreichen wir wenig später die Linksabzweigung zur Wallfahrtskapelle Neusaß (hin und zurück 800 m).

 Info Die spätgotische **Wallfahrtskirche**, die Anfang des 18. Jh. vergrößert wurde, ist umgeben von ehemaligen Fischweihern des im Tal gelegenen Klosters Schöntal, zu dem sie gehörte. Bis heute ist die Wallfahrt hierher, die bereits Endes des 14. Jh. begann und mit der ein Markt verbunden war, sehr beliebt.

Die "Hohe Straße" führt nun durch Wald sanft bergab und mündet in die Straße Schöntal - Forchtenberg ein. Wir halten uns nach rechts in Richtung Forchtenberg und gelangen nach einer 2,5 km langen Abfahrt am Waldrand an eine in Richtung Westernhausen/Schleierhof links abzweigende Straße. Hier befindet sich linkerhand ein Badesee; er ist der größte von den vier als Tiroler Seen bezeichneten Stauseen. Liegewiese, Rastplatz und Kiosk ermöglichen eine angenehme Pause.

Die Landstraße führt über einen niederen Hügelrücken zum Ortsrand von Schleierhof, wo wir gleich bei den ersten Häusern rechts abbiegen in die Hofstraße, das Dorf durchfahren und auf einer schmalen Straße ein tief eingeschnittenes Tal durchqueren (15%). Auf der Talsohle halten wir uns an einer Gabelung geradeaus in Richtung Büschelhof, steigen steil an, biegen nach 600 m an einer weiteren Gabelung links ab und fahren, nach einem nochmaligen Anstieg, nach Büschelhof hinunter. Geradeaus durch den am Talhang des Kochers gelegenen hübschen

Weiler und durch Weinberge gelangen wir in Kehren auf die Sohle des Kochertals. Der ausgebauten Talstraße folgen wir nach rechts, biegen nach 1 km links ab und fahren über den Kocher auf die historische Altstadt von Forchtenberg zu, die man durch das Würzburger Tor betritt.

Info

Was am Weinort **Forchtenberg** besonders gefällt, ist seine Lage am Hang eines Hügelrückens an der Einmündung des Flüßchens Kupfer in den Kocher: Am steilen Hang führen, zwischen den verschachtelten, zum größten Teil renovierten Fachwerkhäusern hindurch, enge Sträßchen und schmale Treppen hinauf zu der an höchster Stelle erbauten Kirche. In der Kirche, deren Ursprünge aus der Zeit um 1300 stammen, ist die Kanzel (1620) sehenswert, die von einem Mitglied der wohl berühmtesten Familie des Ortes, der Bildhauerfamilie Kern, gefertigt wurde. Diese lebte im 16./17. Jh. in einem heute sehr schön restaurierten Fachwerkhaus (Hafenmarktgasse), in dem ein Museum für die Familie eingerichtet ist. Auch das Würzburger Tor, das Teil der beinahe noch vollständig erhaltenen mittelalterlichen Stadtbefestigung ist, ist ein Werk der berühmten Künstlerfamilie.

Nicht Kunstwerke, sondern ihr Widerstand gegen das Regime des Dritten Reichs machte zwei weitere Bewohner der Stadt bekannt, die Geschwister Sophie und Hans Scholl, die sich in den Jahren 1942/43 in der Widerstandsorganisation "Weiße Rose" engagierten und deswegen hingerichtet wurden. An sie erinnert eine Gedenktafel am Rathaus, in dem ihr Vater als Bürgermeister tätig gewesen war. Von der eigentlichen Keimzelle der Stadt, der zwischen dem 4. und 6. Jh. entstandenen und inzwischen verschwundenen Alemannensiedlung **Wülfingen**, die direkt am Kocher lag, ist nur noch eine Kirche übrig, die heutige Friedhofskirche mit Fresken aus dem 14. Jh.

Wieder durch das Würzburger Tor verlassen wir die Altstadt, wenden uns auf der Öhringer Straße nach links entlang der einstigen Stadtmauer. Nach 200 m biegen wir rechts ab (Ausschilderung: Sportanlagen) in die Ernsbacher Straße. Gleich nach Überqueren des Flüßchens Kupfer steigt die Straße leicht an, führt an einer Wohnsiedlung sowie den Sportanlagen vorbei und im Kochertal abwärts nach Waldberg. Da das ruhige Sträßchen einige Meter oberhalb der Talsohle am Hang verläuft, genießen wir während der Fahrt einen ungehinderten Blick auf den Kocher und die Weinberge am Talhang.

Am Ortsbeginn von Waldberg mündet unser Landsträßchen in die Forchtenberger Straße ein, der wir geradeaus folgen - nicht nach rechts auf die Durchgangsstraße! Entlang des Ortsrands von Waldberg, unter der Durchgangsstraße hindurch und über den Kocher gelangen wir nach Ernsbach. Im Ort wenden wir uns nach links in die Sindringer Straße (Radmarkierung Kochertalweg) und kehren auf der jetzt am Nordufer verlaufenden und immer wieder leicht ansteigenden und fallenden Straße nach Sindringen zurück.

11

Per Rad und Kanu durch das Jagsttal

Diese Tour sorgt endlich für gerechten Ausgleich: Zuerst werden beim Radfahren auf dem bestens markierten Jagsttalweg talaufwärts die Beinmuskeln, dann beim Paddeln flußabwärts die Armmuskeln beansprucht. Das Rad wird in der Zwischenzeit vom Verleiher des Boots an den Ausgangs- bzw. Endpunkt der Tour, Kloster Schöntal, zurückgebracht.

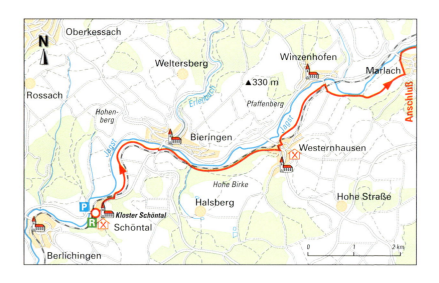

Toureninfos

 24 km.

START Kloster Schöntal, Parkplatz an der Jagstbrücke.

Entlang der Jagst bequem talaufwärts, großteils auf asphaltierten Wirtschafts- und Radwegen, nur 5 km auf Straßen. Keine nennenswerten Anstiege. Durchgehend gute Radmarkierung. Rückfahrt per Kanu. Kanu-Verleih Fritz Hörscher, Goldbachstr. 89, 74677 Dörzbach, Tel. 0 79 37/7 34. Unbedingt frühzeitig anmelden!

🚣 Preis pro Boot und Tag ca. DM 50 incl. Radtransport von Dörzbach nach Kloster Schöntal.

🍴 In Schöntal Gasthof Post (RT Mo) und Klostercafé (RT Mo); in Westernhausen, Marlach, Altkrautheim, Krautheim, Klepsau und Dörzbach.

👑 Flußbäder in Krautheim und Klepsau, jeweils ober- und unterhalb des Wehrs; Flußbad bei Dörzbach sowie an der Jagstbrücke beim Kloster Schöntal.

🕐 Kloster Schöntal, Klosteranlage sowie Klosterkirche frei zugänglich, Neue Abtei bei Führungen (mind. 6 Pers.), April-Okt. jeweils um 11, 14, 16 Uhr, Nov.-März jeweils 11 und 14 Uhr. Krautheim, Burgmuseum, 1. Mai-30. Sept. Sa/So 14-17 Uhr. Krautheim, Johanniter-Museum im Johanniterhaus (neben Rathaus), geöffnet nach Vereinbarung, Tel. 0 62 94/9 80. Dörzbach, Historische Ölmühle (1798); Vorführung n. Vereinbarung. Telefon 0 79 37/ 53 16.

ℹ️ Bürgermeisteramt, 74214 Schöntal, Tel. 0 79 43/91 00-0.

Info

Als Musterbeispiel einer barocken Abtei gilt heute das direkt am Kocher gelegene **Kloster Schöntal**. Die Abgeschiedenheit und der Dorfcharakter eines Klosters mit Kirche, Klausurgebäude und Wirtschaftsgebäuden wie Ställen, Fruchtscheuer, Mühle, Brauhaus, Brennerei, Bäckerei wird hier recht deutlich, da diese Gebäude - obwohl heute anders genutzt - und die Klostermauern erhalten sind. Gestiftet wurde das Kloster bereits im 12. Jh.: Ein Kreuzritter namens Wolfram von Bebenburg, der heil vom Kreuzzug zurückgekehrt war, hatte aus lauter Dankbarkeit seinen Besitz im Jagsttal den Mönchen von Maulbronn geschenkt, damit diese hier ein neues Zisterzienserkloster gründen konnten. Auch die im Jagsttal ansässige Adelsfamilie von Berlichingen stellte Land zur Verfügung, womit sie sich das Recht erwarb, im Kreuzgang beerdigt zu werden. Von diesem mittelalterlichen Klosterkomplex ist nur noch die Kilianskapelle (14. Jh.) erhalten.

Die heutige Form erhielt das Kloster, das vor allem durch Weinbergbesitz zu Wohlstand kam, im Barock. Abt Knittel, der eine Vorliebe hatte für das Verfassen humorvoller Verse, veranlaßte um 1707 den Neubau der Klosterkirche sowie der sich anschließenden Neuen Abtei, ein Vorhaben, das sich über rund 40 Jahre hinzog. Im Jahr 1803 wurde das Kloster säkularisiert und fiel dem Königreich Württemberg zu. Von 1810 bis 1975 wurde die Neue Abtei von der Landeskirche Württemberg benützt als evangelisch-theologisches Seminar für die Ausbildung der zukünftigen Theologiestudenten in Tübingen. Berühmte Schüler waren u.a. Max Eyth, Albrecht Goes, Gerd Gaiser. Seit 1979 ist in den Räumen ein Bildungswerk der Diözese Rottenburg eingerichtet.

In der erstaunlich großen Klosterkirche beeindrucken vor allem die aus der abgerissenen Vorgängerkirche übernommenen Alabasteraltäre (1628-44) von Michael Kern, der aus der in Forchtenberg im Kochertal ansässigen berühmten Künstlerfamilie Kern stammte. Der Hochaltar (1773) ist ein Werk des bedeutenden Barockbildhauers Johann Michael Fischer. In dem von der Kirche aus zugänglichen Kreuzgang befinden sich zahlreiche Epitaphe, u.a. das des Ritters Götz von Berlichingen. In der schloßartigen Neuen Abtei ist vor allem der repräsentative Treppenaufgang sehenswert.

Vom Parkplatz am Kloster Schöntal - hier an der Jagst befinden sich ein Badeplatz, ein Spielplatz und eine Grillstelle - folgen wir in Richtung Bieringen/Dörzbach der Durchgangsstraße, die am Kloster vorbeiführt und einige Meter oberhalb der breiten Talsohle verläuft. Nach einigen hundert Metern verlassen wir diese Straße nach links und erreichen auf einem asphaltierten Wirtschaftsweg entlang einer stillgelegten Bahnlinie den Weinort Bieringen. Obwohl wir talaufwärts radeln, ist die Fahrt recht bequem, da der Höhenunterschied zwischen Dörzbach, unserem Zielpunkt, und dem Kloster Schöntal nur 30 m beträgt.

Am ehemaligen BHF Bieringen kreuzen wir, um einige Meter nach links versetzt, die Durchgangsstraße und gelangen auf einem Fahrweg, der entlang der Gleise verläuft, im Auf und Ab nach Westernhausen.

Im Ort folgen wir der Hauptstraße nach links zur Jagst und biegen unmittelbar an den Gleisen rechts ab auf den Bahnweg, einen asphaltierten Rad- und Fußweg, der uns auf der Talsohle bis auf Höhe des links gelegenen Dorfes Winzenhofen bringt, wo wir die Gleise überqueren und am Fuß des Talhangs das Dorf Marlach erreichen.

Gleich am Ortsbeginn wenden wir uns nach links in die Straße Neue Wiesen, überqueren am nördlichen Ortsrand die Hauptstraße, steigen am Talhang einige Meter an und gelangen, mit Blick auf die auf einem Bergsporn gelegene Altstadt von Krautheim, nach Altkrautheim.

Krautheim: Ursprung des Ortes ist der im Tal gelegene Ortsteil Altkrautheim, wo die adligen Herren von Krautheim ihren Sitz hatten. Doch um 1220 verlegten diese, wie damals üblich, ihren Wohnsitz in die Höhe und erbauten sich eine Burg auf dem Bergrücken oberhalb des Jagsttals. Diese wehrhafte Anlage wechselte bald den Besitzer: Durch Heirat kam sie an Gottfried von Hohenlohe, durch den das Haus Hohenlohe zum ersten Mal Ansehen und Macht gewann. Er war den damaligen Stauferkaisern so treu ergeben, daß er während der Abwesenheit des Kaisers Friedrich II. zwischen 1239 und 1246 mit der Verwaltung des deutschen Reiches beauftragt wurde und ihm die kostbaren Reichskleinodien - u.a. Krone, Zepter, Reichsapfel - zur Aufbewahrung in seiner Burg anvertraut wurden. Trotz Zerstörung im Bauernkrieg und trotz eines Schlossneubaus Anfang des 17. Jh., wobei Baumaterialien der Burg verwendet wurden, gehört sie zu den besterhaltenen Beispielen staufischer Burgen.

Erhalten sind der Bergfried, Teile des Wohnhauses, des Palas, mit sehr schönem, reich geschmücktem Portal und die frühgotische Burgkapelle mit romanischen Kapitellen. Zugänglich ist die Burg nur, wenn das Burgmuseum geöffnet ist. Aufgrund von Verbindungen der Stadt Krautheim zum Johanniterorden - das Patronat der Kirche kam durch Schenkung im Jahr 1268 an den Orden, der bis ins 16. Jh. in der Stadt ansässig war - wurde im renovierten Amtsherrenhaus ein Johannitermuseum eingerichtet, das über die Geschichte des Ritterordens informiert.

Vor den ersten Häusern mündet der Radweg in die von Eberstal kommende Straße ein, auf der wir in das Dorf hinunterfahren. Unmittelbar nach Überqueren der Jagst wenden wir uns nach rechts und gelangen durch ein Industriegebiet an die querlaufende Durchgangsstraße (Götzstraße) in der Unterstadt von Krautheim.

Wer einen **Abstecher** zur Altstadt und zur Ruine unternehmen möchte (hin und zurück 3 km), überquert die Götzstraße und steigt auf der Bergstraße recht steil an. In einer scharfen Linkskurve wenden wir uns an der Gaststätte "Alte Mälzerei" scharf nach rechts und steigen vollends zur Altstadt an.

Zur Fortsetzung der Tour folgen wir in der Unterstadt der Götzstraße talaufwärts in Richtung Dörzbach. Kurz nach dem Ortsende von Kraut-

Beeindruckend sind vor allem der Bergfried und die Schloßkapelle in der mittelalterlichen Burg Krautheim, an die im 17./18. Jahrhundert ein Schloß angebaut wurde

heim biegen wir rechts ab auf einen asphaltierten Wirtschaftsweg, der die Gleise überquert und nach rechts über die Jagst führt. Nach bequemer Fahrt auf der breiten Talsohle erreichen wir den Weinort Klepsau.

Tip Jeweils am 1. Wochenende im September findet im Weinort Klepsau, einer der kleinsten Weinbaugemeinden Württembergs, das Dörzbacher **Weinfest** statt.

Der Radmarkierung folgend fahren wir durch den Ort, überqueren die Durchgangsstraße und biegen an der Bahnlinie rechts ab auf einen asphaltierten Wirtschaftsweg, der nahezu schnurgerade nach Dörzbach führt. An einer modernen Kirche biegen wir rechts ab in den Mühlgartenweg und folgen der Talstraße entlang der Jagst nach links zur B 19, Bad Mergentheim - Künzelsau. Auf der ersten Rechtsabzweigung (Ausschilderung: Sportanlage, Oberginsbach) gelangen wir zur Jagstbrücke, wo die Kanutour beginnt.

Info **Dörzbach:** Außer dem ehemaligen Wasserschloß der Freiherren von Eyb und der Ölmühle im Mühlgartenweg haben sich in der kleinen Gemeinde an historisch Interessantem vor allem die Märkte erhalten: Im Jahr 1583 bekam der Ort das Recht, pro Jahr drei Märkte abzuhalten, von denen zwei noch stattfinden. Besonders beliebt ist der Pferdemarkt am 1. Samstag im November.

12

Nach Jagsthausen, dem Geburtsort des Ritters Götz von Berlichingen

Toureninfos

 33 km.

START Möckmühl, Parkplatz an den Sportanlagen unmittelbar an der Jagst. Station an der Bahnlinie Würzburg - Stuttgart.

Markierung des Jagsttalwegs zwischen Möckmühl und Züttlingen. Zum größten Teil verläuft die Tour auf ruhigen Landsträßchen bzw. asphaltierten Wirtschaftswegen; insgesamt 7 km auf Landstraßen; 3,5 km auf befestigtem Waldweg. Langgezogener Anstieg (4,5 km) aus dem Jagsttal auf die Hochfläche und weitere kürzere, aber steile Anstiege auf dem Bergrücken bis zum Edelmannshof; dann nur noch bergab in das Jagsttal und bequem talabwärts.

In Züttlingen; beim Mittleren Pfitzhof das Gasthaus "Zum Batzenhäusle" (RT Mi); in Jagsthausen, u.a. Burggaststätte Götzenburg (kein RT); in Olnhausen Gasthaus Hirsch (kein RT); in Widdern und Möckmühl.

Hallenbad in Möckmühl.

Möckmühl, Heimatmuseum, Besichtigung nach Vereinbarung, Tel. 0 62 98/51 47. Jagsthausen, Museum in der Götzenburg, geöffnet Mitte Mai-Okt. 9-12 und 13-18 Uhr. Jagsthausen, römisches Freilichtmuseum, in der Ortsmitte; jederzeit frei zugänglich. Burgfestspiele Jagsthausen, Juni-Aug. Aufführung von "Götz von Berlichingen" und anderen Klassikern sowie Märchen und Opern, Auskunft Tel. 0 79 43/9 10 10.

i Bürgermeisteramt, Postfach 1109, 74215 Möckmühl, Telefon 0 62 98/2 02-13.

Gemütlich ist die erste Etappe: vom hübschen Städtchen Möckmühl im Jagsttal abwärts, vorbei an Weinbergen und auffällig großen Haufen von Lesesteinen, den sogenannten Steinriegeln, die als Grenzmarkierungen und Wärmespeicher dienten. Ein langgezogener Anstieg führt auf die Höhe, wo man die "Hohe Straße" erreicht, eine uralte Straße, in deren Nähe zahlreiche Einzelgehöfte liegen wie der Pfitzhof, heute eine willkommene Einkehrmöglichkeit. Bergab gelangt man nach Jagsthausen und talabwärts zurück nach Möckmühl.

In Möckmühl fahren wir vom Parkplatz bei den Sportanlagen - von hier aus ist schön zu sehen, wie das Schloß über der Altstadt thront - über die Jagst und geradeaus in die Altstadt hinein.

Info **Möckmühl:** Das Städtchen, rund 1200 Jahre alt, ist noch von einer gut erhaltenen Stadtmauer umgeben, die bis zu 7,80 m hoch und mit einem durchlaufenden Rundbogenfries geschmückt war. Im Abstand von 4-5 m verlief parallel zur Stadtmauer eine zweite Mauer, die sogenannte Zwingmauer, besonders gut zu sehen beim Hexenturm. In der Stadt fallen, vor allem um den Marktplatz, schön restaurierte Fachwerkhäuser auf. Bewacht wird das Städtchen vom Bergfried der einstigen mittelalterlichen Burg, in der im Jahr 1519 Götz von Berlichingen gefangen genommen wurde. Das Schloß ist eine recht moderne Zufügung (Anfang des 20. Jh.), in Privatbesitz und ebensowenig zugänglich wie der Bergfried.

Über den zur Fußgängerzone erklärten Marktplatz und nach links in der Seckachstraße erreichen wir, wieder am Altstadtrand, eine Ampelkreuzung. Wir überqueren die Kreuzung, biegen nach 50 m unmittelbar vor der Bahnlinie Bad Friedrichshall - Adelsheim links ab und folgen nun der Bahnhofstraße (Radmarkierung Jagsttalweg) zum Stadtrand. Die ruhige Landstraße führt zwischen den Bahngleisen und der Jagst talabwärts und verengt sich zu einem wenig befahrenen Sträßchen.

Nach dem Unterqueren der Bahnlinie fahren wir durch das Gelände einer Gärtnerei hindurch und an Weinbergen vorbei, die teilweise noch bewirtschaftet werden, teils aber auch mit Obstbäumen bepflanzt oder ganz aufgegeben sind. Wir passieren das zur Rechten gelegene, bewohnte und daher nicht zugängliche Schloß Domeneck und stoßen kurz darauf auf die Straße Neudenau - Züttlingen, auf der wir nach links, über die Jagst hinweg, das Dorf Züttlingen erreichen.

Info **Züttlingen:** Am Ortsrand liegt das Rokokoschlößchen Assumstadt (um 1770), das Maria Theresia dem in ihren Diensten stehenden Generalfeldzeugmeister von Ellrichshausen als Geschenk erbauen ließ. Das Schloß ist in Privatbesitz und nicht zugänglich.

Der Hauptstraße folgen wir nach rechts in die Ortsmitte, biegen vor der Kirche scharf links ab in die Nordstraße in Richtung Maisenhälden und steigen auf der Maisenhälder Straße durch ein Wohngebiet am Talhang an. Ab dem Ortsrand führt das schmaler werdende Sträßchen zwischen Feldern und Wiesen sowie durch das niedere Tal des Büttenbachs hindurch und steigt steil an, vorbei an dem schon von weitem sichtbaren Gehöft Maisenhälden, zur Straße, die Neuenstadt am Kocher mit Widdern verbindet.

Nach links gelangen wir auf der leicht ansteigenden Straße über die Autobahn A 81, Weinsberg - Würzburg, und wenden uns nach 50 m rechts in Richtung Kochersteinsfeld. Stetig bergab folgen wir der Straße durch den Harthäuser Wald ca. 1 km weit zu einem breiten Fahrweg, der die Straße kreuzt. Wir wenden uns nach links auf den befestigten Forstweg "Langer Grund" und steigen 700 m weit sanft an zu einer Weggabelung am Rand einer Lichtung. Hier halten wir uns rechts und erreichen auf dem ansteigenden Schindwasenweg einen Holzaufbereitungsplatz des Forstamts mit der Schinderhütte (geschlossen). Bis zur Straße Lampoldshausen - Mittlerer Pfitzhof führt nun der Forstweg stetig leicht bergab, wobei wir uns nach 500 m an einer Weggabelung rechts halten auf dem Schönbrunnenweg, ehe wir an einem Wanderparkplatz mit einem Spielplatz auf die sog. "Hohe Straße" stoßen.

Diese Straße, auf der wir uns links halten, führt in zahlreichen Kurven und in ständigem Auf und Ab, kurzzeitig mit einer Steigung bzw. einem Gefälle von 15%, auf dem Höhenrücken entlang, der sich zwischen den Flüssen Kocher und Jagst erstreckt. Vorbei an den einzeln gelegenen Gehöften Kleiner Buchhof und Trautenhof (Neuzweiflingen), Äußerer und Mittlerer Pfitzhof (mit Gaststätte) erreichen wir eine Kreuzung mit der Straße Jagsthausen - Sindringen. Geradeaus in Richtung Schöntal gelangen wir nach einem Anstieg zum Weiler Edelmannshof, an dem wir links abbiegen (Ausschilderung: Wanderparkplatz). Das schmale Sträßchen führt kurzzeitig durch Wald, am Waldrand an einem Grillplatz mit einer Schutzhütte vorbei und in das Jagsttal hinunter. Während der Abfahrt passieren wir die Aussiedlerhöfe Ghai und erreichen eine Wohnsiedlung von Jagsthausen.

In der Bergstraße geradeaus - stets mit Blick auf das erhöht liegende Schloß - gelangen wir auf die Sohle des Jagsttals, halten uns nach links zur Straßenbrücke über die Jagst und steigen zur Ortsmitte an. Für ei-

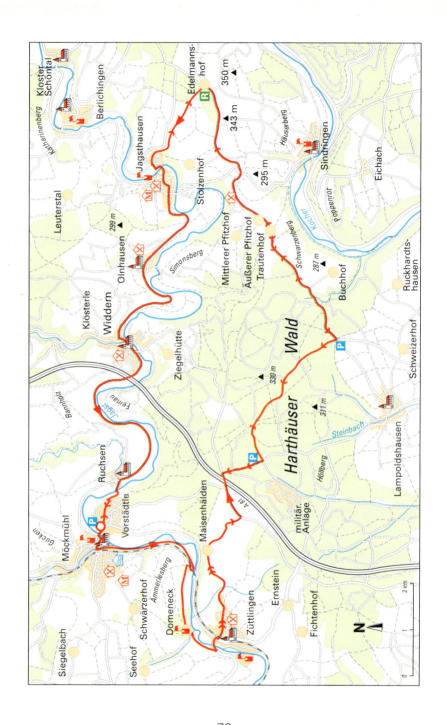

Mittelalterliche Städteplanung am Beispiel Möckmühl: Zum Fluß hin war die Siedlung gesichert durch eine hohe Stadtmauer, die heute durch Häuser überbaut ist

nen Abstecher zum Schloß, der sogenannten Götzenburg, folgen wir der Schloßstraße 200 m nach rechts.

> **Info**
>
> Die Häuser des kleinen Ortes **Jagsthausen** gruppieren sich um die Kirche mit dem auffälligen achteckigen Turm. Am Ortsrand stehen die drei Schlösser der Familie Berlichingen, die seit 1330 im Besitz der Siedlung Jagsthausen ist: direkt an der Kirche das Rote Schloß (17.Jh.), dahinter, etwas versteckt, das Weiße Schloß (18. Jh.), heute Familiensitz, und die sogenannte Götzenburg. In dieser einstigen mittelalterlichen Wasserburg, letztmals um 1876 umgebaut und heute umgeben von einem Park, wurde im Jahr 1480 Götz von Berlichingen geboren.

Info

Seine Berühmtheit verdankt Götz von Berlichingen (1480-1562) vor allem einem deftigen Ausspruch, dem sogenannten "Schwäbischen Gruß". Als Reitersmann verlor er in einer Schlacht seinen rechten Unterarm. Er ließ sich eine künstliche Hand aus Eisen fertigen, mit der er weiterhin reiten und das Schwert schwingen konnte. Im Bauernkrieg (1524-25), als sich in Süddeutschland die Bauern zu "Haufen" zusammenschlossen, um gegen die immer höher werdenen Abgaben, die die adligen Herren forderten, zu protestieren, stand er auf Seiten der Bauern. Er war Anführer der Aufständischen im Neckartal und im Odenwald, als diese durchs Land zogen, Klöster sowie Schlösser plünderten und anzündeten und den Anschluß der Landesherren an die Reformation forderten. Doch er konnte ihnen nicht zum Sieg verhelfen. Die Bauern wurden vom Heer des Schwäbischen Bunds, einem Zusammenschluß süddeutscher Fürsten, geschlagen, Götz auf seine Burg Hornberg verbannt. Wolfgang von Goethe hat seine Lebensgeschichte in dem Schauspiel "Götz von Berlichingen" verewigt. Seit Jahrzehnten wird es jeden Sommer im stilvollen Schloßhof aufgeführt. Auch seine eiserne Hand kann in dem kleinen Museum in der Burg bewundert werden. Interessant ist auch das in der Nähe des Rathauses in einem Park gelegene Römische Freilichtmuseum, das über die Zeit informiert, als Jagsthausen eine römische Siedlung war.

Zur Fortsetzung der Tour durchfahren wir auf der Durchgangsstraße den Ort und biegen außerhalb des Ortes, 100 m nach der Linksabzweigung der Straße in Richtung Künzelsau/Öhringen, links ab auf einen asphaltierten Fuß- und Radweg (keine Markierung), der neben der Durchgangsstraße talabwärts verläuft.

In Olnhausen wenden wir uns nach rechts zur Talstraße und folgen ihr am Fuß einiger Weinberge ca. 1,5 km weit talabwärts. Nach einer recht scharfen Rechtskurve biegen wir scharf links ab auf einen Wirtschaftsweg, der in einer Kehre auf den Talgrund hinunterführt, wenige Meter unterhalb der Straße verläuft und am Ortsbeginn von Widdern wieder in die Talstraße einmündet. Auf ihr fahren wir bequem durch Widdern hindurch, folgen ab dem Ortsrand einem asphaltierten Weg entlang der Straße, unterqueren die hohe Autobahnbrücke über das Jagsttal und müssen wenig später auf die Straße zurück, die uns in den kleinen Ort Ruchsen bringt.

Unmittelbar vor der Straßenbrücke über den schmalen Hengstbach folgen wir der links abzweigenden Fabrikstraße über die Jagst und wenden uns auf der querlaufenden Straße nach rechts. Nach einem kurzen, steilen Anstieg zum Möckmühler Ortsteil Vorstädtle fahren wir auf der nahezu schnurgeraden Lehlestraße durch diesen Ortsteil bequem bergab auf die Altstadt zu. Auf der Talsohle halten wir uns nach rechts, biegen aber schon nach wenigen Metern erneut rechts ab zu den Sportanlagen, unserem Ausgangspunkt.

13

Durch ländliche Idylle zum Frankendom in Wölchingen

Toureninfos

km 26 km

START Ahorn-Eubigheim, Parkmöglichkeiten am Rathaus nahe der Kirche. Anfahrt mit der Bahnlinie Würzburg - Stuttgart nach Boxberg möglich; Tour dort beginnen.

🚲 10 km auf asphaltierten Wirtschaftswegen und schmalen Sträßchen; 1 km auf der stärker befahrenen B 292; ansonsten auf ruhigen Landstraßen. In einer durch niedere Hügelrücken, flache Senken und Täler stark gegliederten Landschaft vier kurzzeitig auch steile Anstiege von bis zu 1,5 km Länge. Markierung nicht durchgängig.

🍴 In Berolzheim Gasthaus Engel mit Terrasse (RT Do); in Schillingstadt, Schwabhausen, Boxberg; in Wölchingen Gasthaus Deutscher Kaiser mit Garten (RT Mo); Forellenhof Hagenmühle (Spezialität Forellen, RT Mo); in Uiffingen und Eubigheim.

👑 Freibad in Boxberg.

🕐 Boxberg, Heimatmuseum; geöffnet April-Okt. jeweils 1. So im Monat von 14-16 Uhr.

ℹ️ Gemeindeverwaltung Ahorn, Rathaus Eubigheim, 74744 Ahorn, Tel. 0 62 96/7 14.

Durch ein ausgesprochen ländliches Gebiet führt diese Tour, durch typische Haufendörfer mit lockerer Bebauung und Obstwiesen zwischen den Gehöften, durch Dörfer, die nur wenige hundert Einwohner zählen. Eine Überraschung ist deshalb die große romanische Kirche in Wölchingen. Ausgangspunkt der Tour ist Eubigheim, ein Ortsteil von Ahorn.

Info

Wer den Ort **Ahorn** auf der Landkarte sucht, wird nur mehrere Ortsteile finden, von denen jedoch keiner den Namen Ahorn trägt. Erst beim Zusammenschluß dieser Ortsteile im Jahr 1971 zu einer neuen Gemeinde wurde der Name Ahorn kreiert, in Anlehnung an einen großen Ahornwald. Diesem einstigen Jagdgebiet ist es wohl auch zuzuschreiben, daß in Eubigheim, das, wie die übrigen Ortsteile auch, sehr ländlich ist, dennoch ein Schloß steht: das ehemalige, im Jahr 1566 erbaute Bettendorfsche Schloß, in dem heute das Rathaus untergebracht ist.

In Ahorn-Eubigheim folgen wir vom Parkplatz hinter dem Rathaus der Ortsdurchgangsstraße, der Schloßstraße, nach links in Richtung Berolzheim, verlassen aber schon kurz nach dem Ortsende diese Straße nach rechts in Richtung Hohenstadt. Parallel zur Bahnlinie Möckmühl - Lauda-

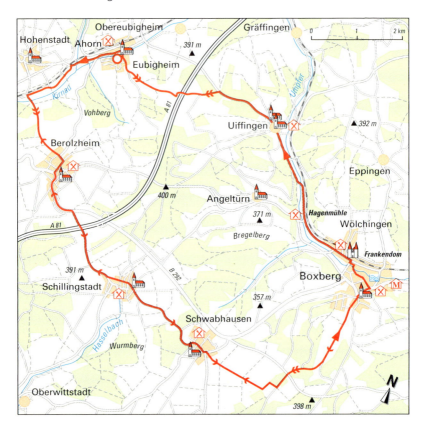

Am Wegrand fallen immer wieder Bildstöcke und Steinkreuze auf, an den Hausfronten Madonnenfiguren, auf den Brücken Heiligenstatuen

Königshofen führt dieses Sträßchen im breiten Tal der Kirnau bequem talabwärts. Schon nach wenigen hundert Metern allerdings, unmittelbar ehe die Straße die Bahnlinie unterquert, wenden wir uns nach links und folgen einem asphaltierten Wirtschaftsweg (Markierung: MTF-Radachter) weiterhin entlang der Gleise. Auf Höhe einer kleinen Kläranlage stoßen wir auf einen querlaufenden Wirtschaftsweg, dem wir nach rechts folgen (MTF-Radachter) auf die Bahngleise zu, biegen aber nach nur 50 m wieder links ab (MTF-Radachter) und fahren weiter entlang der Gleise talabwärts 500 m weit zum nächsten links abzweigenden Wirtschaftsweg.

Auf diesem Weg - hier verlassen wir den markierten Weg, der weiter entlang der Gleise verläuft - durchqueren wir die Talsohle, steigen am Talhang an und erreichen, bequem bergab, Berolzheim. Auf der Kapellenstraße gelangen wir in die Ortsmitte, folgen der Durchgangsstraße nach rechts in Richtung Mosbach, biegen aber nach 100 m an der Kirche auf die stärker befahrene B 292 in Richtung Bad Mergentheim/Boxberg links ab.

Die Bundesstraße führt in eine flache Senke hinunter, wo wir am tiefsten Punkt der rechts abzweigenden Straße nach Schillingstadt folgen. Dabei unterqueren wir die Autobahn A 81, Weinsberg - Würzburg, überqueren einen niederen Hügelrücken und gelangen bequem nach Schillingstadt.

Gleich bei den ersten Häusern verlassen wir die Landstraße nach links und erreichen auf einem schnurgeraden, für den öffentlichen Verkehr gesperrten Sträßchen die Dorfmitte. Leicht nach rechts versetzt folgen wir geradeaus der Langen Straße in Richtung von Schwabhausen, das wir nach leichtem Auf und Ab durch eine sanft gewellte Landschaft erreichen.

Der Hauptstraße folgen wir durch den Ort hindurch, verlassen sie am Ortsende nach links in Richtung Boxberg/Autobahn, biegen aber schon nach 30 m wieder rechts ab in die Straße Zentweg. Die am Ortsrand sich verengende Straße steigt zunächst auf einige hundert Meter Länge an, ehe sie schnurgerade in eine Senke fällt, wo sie in einen befestigten Weg übergeht und in einen querlaufenden asphaltierten Fahrweg einmündet.

Wir wenden uns nach links, kreuzen wenig später die Straße und folgen einem schmalen Waldsträßchen (Ausschilderung: Boxberg) recht steil bergab in ein Wiesental. Talabwärts gelangen wir recht bequem nach Boxberg, einer Kleinstadt, die an der Einmündung dieses Wiesentals in das Umpfertal liegt.

Info Von der einstigen mittelalterlichen Burg, in deren Umgebung **Boxberg** entstand, ist nicht mehr viel zu sehen. Doch lohnen in der kleinen Stadt, deren Namen der Sage nach auf einen Schneider im Geißfell zurückgeht, einige Gebäude einen Blick: das Fachwerk-Rathaus von 1610, das Kurpfälzische Amtshaus - Boxberg gehörte vom 16. bis Anfang des 18. Jh. dem Kurfürsten von der Pfalz - und die katholische Kirche, die Anfang des 18. Jh. nach Plänen des bedeutenden Barock-Baumeisters Balthasar Neumann gebaut wurde.

Gleich am Ortsbeginn stoßen wir auf die B 292, halten uns auf ihr nach rechts in Richtung Bad Mergentheim, passieren in der Stadtmitte die Kirche und biegen links ab (Ausschilderung: Umpfertalhalle) in die Seitenstraße Seebuckel. Die Straße fällt auf den Talgrund, führt kurz darauf in Wölchingen über den Bach Umpfer und mündet im Ort in die Hauptstraße, auf der wir nach links die Kirche erreichen.

Info

Viel zu groß für den nur wenige hundert Einwohner zählenden, heute zu Boxberg gehörenden Ortsteil **Wölchingen** scheint die etwas erhöht auf einer künstlichen Terrasse gelegene Kirche zu sein. Erbaut wurde die auch als "Frankendom" bezeichnete Kirche von 1250 bis 1270, als Wölchingen ein selbständiges Dorf war. Bereits Ende des 12. Jh., als es üblich wurde, dem Johanniterorden Land zu schenken, war der Orden, der sich den Schutz und die Pflege von Pilgern in Jerusalem sowie die Abwehr von Heiden zur Aufgabe gemacht hatte, hier zu Besitz gekommen. Außer der Kirche wurde auch ein Spital erbaut für Durchreisende und Kranke. Doch Ende des 14. Jh. fiel die Kirche an die Herren von Rosenberg.

Beachtung verdienen an den Außenfassaden die beiden Portale - das Hauptportal mit Rundbogenfries sowie das Südportal mit Spitzdachrahmen - und in der dreischiffigen Pfeilerbasilika die ungewöhnlich reich verzierten Kapitelle sowie die zahlreichen Grabdenkmäler, vor allem das Doppelmonument für Ulrich von Rosenberg und seine Gattin (Ende des 15. Jh.).

Weiter talaufwärts folgen wir der Straße durch das Dorf, dann zwischen niederen, bewaldeten Talhängen zunächst für einige hundert Meter einem Fuß- und Radweg neben der Landstraße und schließlich der zeitweise auch stärker befahrenen Straße in leichtem Auf und Ab. Dabei passieren wir die Hagenmühle - links der Straße der Gasthof Forellenhof-Hagenmühle; Abstecher hin und zurück 300 m - und gelangen über das Flüßchen Umpfer nach Uiffingen.

Auf der Durchgangsstraße durchfahren wir den Ort in Richtung Ahorn-Eubigheim und steigen streckenweise auf einem Wirtschaftsweg neben der Straße am Talhang kurzzeitig etwas an, ehe wir nach ca. 1,5 km, kurz vor einer Überlandleitung, am Rand eines kleinen Waldstücks links abbiegen.

Ein asphaltierter Fahrweg (Radmarkierung: MTF-Radachter) führt in ungleichmäßigem Anstieg, mal leichter, dann wieder recht steil, auf die Höhe des Hügelrückens hinauf, führt unter der A 81 hindurch und durch eine flache Senke auf der offenen Hochfläche nach Eubigheim hinab. Auf der Durchgangsstraße im Dorf wenden wir uns nach links, passieren die Kirche und kehren zu unserem Ausgangspunkt zurück.

14

Vom Vorbachtal zur Hohenlohe - Residenz Bartenstein

Ausgangspunkt der Radtour ist Niederstetten im Vorbachtal, einem Seitental des Taubertals. Von dem gemütlichen einstigen Residenzstädtchen führt die Tour über die Hochfläche, vorbei an einem Badesee, nach Bartenstein, einer weiteren Residenz der Hohenloher Fürsten.

Toureninfos

 37 km.

 Niederstetten, Parkplatz am Frickentalplatz, am Ortsrand in Richtung Eichhof. Station an der Bahnlinie Bad Mergentheim - Crailsheim.

 Zum größten Teil auf schmalen, ruhigen Landsträßchen und asphaltierten Wirtschaftswegen. Zwei anstrengende Anstiege - gleich zu Beginn von Niederstetten auf die Hochfläche und in der Mitte der Tour im Ettetal nach Bartenstein -, aber auch eine recht steile Abfahrt in das Ettetal. Radmarkierung nur kurzzeitig bei Bartenstein.

 In Adolzhausen; in Herbsthausen Brauereigaststätte (RT Mo ab 15 Uhr und Di); Kiosk am Hollenbacher See; in Hollenbach; in Bartenstein; in Niederstetten u.a. Gasthaus Krone am Marktplatz mit Tischen im Freien.

 Badesee bei Hollenbach.

 Niederstetten, Heimatmuseum; geöffnet Mai-Sept. an Sonn- und Feiertagen 14-16 Uhr. Niederstetten, Albert-Sammt-Zeppelin-Museum, KULT, Hauptstr. 52a; geöffnet Mo 16.30-19.30, Di 12-14, Mi/Do 10-11.30, Fr 10-11.30 und 15-17.30 Uhr. Jagdmuseum Schloß Niederstetten; geöffnet April-Okt. Sa/So 10-12 und 13.30-17.30 Uhr. Bartenstein, Schloßmuseum; geöffnet April-Mitte Okt. an Sonn- und Feiertagen 10-12 und 13.30-17.30 Uhr.

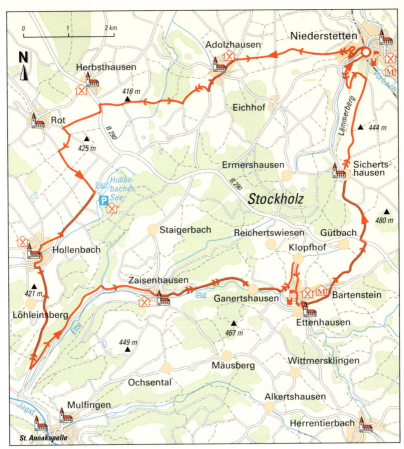

i Informations- und Kulturamt, Bahnhofstr. 15, 97996 Niederstetten, Tel. 0 79 32/91 02-38.

BHF Niederstetten, Tel. 0 79 32/3 95 und Firma Groß, Vorbachzimmerner Str. 14, Tel. 0 79 32/3 81.

Info

Überragt wird das Landstädtchen **Niederstetten** vom Schloß Haltenbergstetten, ursprünglich eine mittelalterliche Burganlage, die im 16. Jh. zu einem Schloß umgebaut wurde und seit 1803 im Besitz der Fürsten zu Hohenlohe-Jagstberg ist.

Diesen Herren waren die Bauern der Umgebung nicht immer wohlgesonnen. In den politisch unruhigen Jahren in der ersten Hälfte des 19. Jh., als europaweit das liberale Bürgertum begann, sich gegen die Herrschaft der Fürsten zu stellen, geriet auch

Info

Niederstetten in die Schlagzeilen: Im März 1848 fand hier ein Aufruhr statt, in dessen Verlauf Bauern und Landbewohner, die sich im Gasthaus Krone getroffen hatten, das Kanzleigebäude im Schloß in Brand steckten, wobei die Akten, die ihre Verpflichtungen gegenüber der Herrschaft enthielten, verbrannten. Als Folge entstanden überall im Hohenloher Land Unruhen.

Heute ist Niederstetten ein geschäftiger Marktort - jeden Montag um 10 Uhr findet auf dem Frickentalplatz Süddeutschlands größter Ferkelmarkt statt -, und ein friedlicher Weinort, der auf Touristen eingestellt ist. Traditionsreiche Gasthäuser wie die Krone am Marktplatz bieten Übernachtungs- und Einkehrmöglichkeiten, drei Museen sowie zwei Kirchen Abwechslung für jeden Geschmack.

In der evangelischen **Stadtkirche St. Jakob**, ursprünglich eine romanische Chorturmkirche, ist der Flügelaltar (um 1500) sehenswert. In der Friedhofskapelle "Zum Heiligen Blut" (Mitte 14. Jh.), eine frühere Wallfahrtskapelle, wurden gotische Fresken restauriert, die Szenen aus dem Leben der heiligen Katharina zeigen.

Wer sich mehr für Technik interessiert, sollte sich das **Albert-Sammt-Zeppelin-Museum** ansehen mit Originalstücken und Fotos, zusammengetragen von Albert Sammt, dem letzten deutschen Zeppelin-Kapitän und Ehrenbürger von Niederstetten. Tiere, wenn auch nur in ausgestopftem Zustand, zeigt das **Jagd- und Naturkundemuseum** im Schloß: u.a. Bären, Wildschweine, Rehe, Auerwild, Füchse sowie Jagdtrophäen aus Europa und Afrika, zusammengetragen vom Schloßherrn. Über die Wohn-, Arbeits- und Lebensverhältnisse zwischen 1900 und 1920 informiert das **Heimatmuseum**.

Vom Parkplatz Frickental in Niederstetten fahren wir unter der nur wenige Meter entfernten Bahnlinie Weikersheim - Schrozberg hindurch und auf der ansteigenden Straße 500 m weit. Dann biegen wir rechts ab in die Frickentalsiedlung und wenden uns an einer Straßengabelung nach rechts in die Heuerberg-Straße. Durch die Wohnsiedlung steigen wir am Talhang an, folgen der scharf nach links abzweigenden Weinsteige, die wir aber nach 200 m wieder nach rechts verlassen (Wandermarkierung 6 und 7). Auf einem steil ansteigenden Sträßchen erreichen wir die Hangkante, halten uns an einer Gabelung unter einer Stromleitung rechts und gelangen über einen Hügelrücken hinweg nach Adolzhausen.

Am Ortsbeginn stoßen wir auf eine ausgebaute Durchgangsstraße, folgen ihr nach links entlang des Ortsrands, an teilweise recht stattlichen Gehöften vorbei und 400 m weit in eine Talsenke hinab, die wir auf einem rechts abzweigenden schmalen Sträßchen wieder verlassen. Nach einem wenige hundert Meter langen, steilen Anstieg passieren wir einen Sportplatz und wenden uns wenig später an einer Kreuzung an einer Waldecke nach rechts, bleiben also am Waldrand. Durch ein

Wiesental hindurch und, stets geradeaus, über einen niederen Hügel-rücken stoßen wir bei der zu unserer Rechten gelegenen Ortschaft Herbsthausen auf die B 290, Bad Mergentheim - Crailsheim.

Info

Bei **Herbsthausen**, heute ein Stadtteil von Bad Mergentheim, kam es im Jahr 1645 im Verlauf des 30jährigen Kriegs zu einer entscheidenden Schlacht, bei der das kaiser-lich-bayrische Heer unter dem Heerführer Mercy die französischen Truppen unter dem Feldherrn Turenne schlug. Heute ist Herbsthausen Ausflugsziel für Wanderer und solche, die gerne in der Brauereigaststätte einkehren. Jedes Jahr im Mai findet hier ein Bockbierfest statt.

Wir überqueren die Bundesstraße, wobei wir die Räder durch die Stra-ßengräben beiderseits der Straße schieben müssen, und wenden uns auf einem asphaltierten Wirtschaftsweg, der entlang der Straße ver-läuft, nach links. Aber schon nach 200 m biegen wir auf den ersten rechts abzweigenden Wirtschaftsweg ab, der auf das vor uns liegende Dorf Rot zu leicht fällt. An einem Weiher folgen wir einem quer-laufenden Weg nach links, biegen an der folgenden, durch einen Bild-stock gekennzeichneten Wegkreuzung rechts ab und steigen 500 m weit zu einer weiteren Kreuzung an. Hier wenden wir uns nach links und stoßen nach leichtem Auf und Ab über die Hochfläche auf eine ausgebaute Landstraße und auf den Hollenbacher See, einen Badesee.

Vom See aus gesehen nach links erreichen wir in bequemer Fahrt auf einem asphaltierten Wirtschaftsweg neben der Straße Hollenbach. Durch den Ort folgen wir zunächst der Amtsstraße, dann der Ausschil-derung "Künzelsau" nach rechts und biegen nach 100 m links ab in die Gartenstraße (Ausschilderung: Mulfingen). Kurz nach einer Unterfüh-rung der Umgehungsstraße stoßen wir auf die Landstraße, die nach Mulfingen führt.

In langgezogenem Auf und Ab erreichen wir die Kante des Ettetals - von hier aus erblicken wir auch das Jagsttal - und gelangen auf einer sehr steilen Gefällstrecke (14%) in das Ettetal. Noch am Hang, kurz be-vor eine Stromleitung die Straße überspannt und nur wenige Meter oberhalb einer Motorenfabrik, biegen wir scharf links ab (keine Aus-schilderung) auf einen "grünen" Wirtschaftsweg, einen Weg also, der nicht vollständig asphaltiert ist, sondern nur zwei asphaltierte Fahr-streifen aufweist.

Entlang des Waldrands gelangen wir auf diesem Weg talaufwärts in das recht ursprünglich wirkende Zaisenhausen und steigen nun auf der

Talstraße weiter an. War der erste Abschnitt im Ettetal bis Zaisenhausen insgesamt recht bequem zu fahren, so erfordert der folgende Abschnitt doch einige Anstrengung, da die schmale, kurvenreiche Straße auf kürzere Strecken immer wieder steil ansteigt. Auf unserer Fahrt passieren wir einen kleinen Stausee (mit Bademöglichkeit) und die wenigen Bauernhöfe von Ganertshausen. Von weitem ist schon das auf einem Bergsporn gelegene Schloß Bartenstein zu sehen. Unterhalb des Schlosses biegen wir links ab (Radmarkierung Hohenlohe-Tour und Hohenloher Residenzweg). Die schmale Straße führt in einem engen Tal steil hoch zum Weiler Klopfhof, wo wir uns nach rechts wenden und vollends nach Bartenstein ansteigen.

Info

Wie die meisten der Hohenloher Residenzen, so liegt auch **Bartenstein**, das jüngste der Hohenloher Schlösser, auf einem Bergrücken oberhalb eines Tals, in diesem Fall des Ettetals, und hatte eine mittelalterliche Burg als Vorgänger. Das heutige Schloß, eine dreiflügelige Anlage, wurde um 1760 in barockem Stil vollendet: ein symmetrischer Bau, in den die mit Stukkaturen und Malereien geschmückte Schloßkirche (1716) integriert wurde. Im Schloß, das im Besitz der Fürsten von Hohenlohe-Bartenstein ist, wurde ein Militärmuseum eingerichtet mit Uniformen, Zinnfiguren und Bilddokumenten.

Vom Schloßhof führt die Hauptstraße, an der die wenigen Häuser von Bartenstein aneindergereiht sind - die Hofapotheke sowie frühere Beamten- und Bürgerhäuser - geradeaus zu einem Stadttor und in die "Vorstadt", wo wir auf eine Durchgangsstraße stoßen. Wir halten uns links, nach 50 m erneut nach links in Richtung Niederstetten und erreichen über einen Hügelrücken hinweg die B 290. Auf dieser wenden wir uns nach links, biegen aber schon nach 100 m wieder rechts ab und gelangen über eine gewellte Hochfläche in dem in einer Talsenke gelegenen Weiler Sichertshausen mit einer Chorturmkirche, die um 1335 auf einer Keltenschanze erbaut wurde.

Im Ort fahren wir geradeaus - nicht nach links der Straße in Richtung Niederstetten folgen! - und steigen steil auf die Höhe des Lämmerbergs an. Das nun sehr schmale Sträßchen gabelt sich: Wir halten uns geradeaus und erreichen schließlich bei einer großen Feldscheune am Waldrand ein querlaufendes Sträßchen. Nach links bergab fahren wir nach einer Kehre auf Niederstetten zu und folgen einem Quersträßchen nach rechts. Nach 100 m haben wir die Möglichkeit, auf einem rechts abzweigenden Sträßchen einen Abstecher zum Schloß zu machen. Geradeaus gelangen wir in den Ort und nach links zum Frickentalplatz, dem Ausgangspunkt unserer Tour.

Das Wappen der Hohenlohe an einem Giebel des Schlosses Bartenstein

15/16

Zweitägige Rundfahrt durch die Täler von Tauber und Jagst

Toureninfos

 110 km.

 Ausgangs- und Endpunkt der Rundstrecke ist Bad Mergentheim im Taubertal.

 Die erste Etappe (Tour 15) führt weitestgehend auf dem markierten Hohenloher Residenzweg nach Langenburg. Da es nicht möglich ist, von dort mit öffentlichen Verkehrsmitteln zurückzukehren, wird diese Tour mit Tour 16 zu einer zweitägigen Fahrt kombiniert.

15

Auf dem Hohenloher Residenzweg von Bad Mergentheim nach Langenburg

Toureninfos

- 58 km.

- Bad Mergentheim, Parkplatz beim Freibad am Stadtrand in Richtung Igersheim. Station an der Bahnlinie durch das Taubertal.

- Durchgängig markiert. Die Tour verläuft zum größten Teil auf Sträßchen, die für den öffentlichen Verkehr gesperrt sind, und auf sehr ruhigen Landsträßchen; ca. 2,5 km auf befestigtem Forstweg. Der erste Teil der Tour im Taubertal und im Vorbachtal bequem talaufwärts; ab Oberstetten zwei steilere Anstiege.

- In Markelsheim u.a. Weinstube/Café Löwen mit Garten RT Mo); in Weikersheim am Marktplatz Gaststätten und Cafés mit Terrassen; in Laudenbach Gasthaus Traube (RT Di, tägl. geschlossen 14-17 Uhr) und Krone (RT Mi ab 16 Uhr und Do); in Vorbachzimmern; in Niederstetten u.a. Gasthaus Krone am Marktplatz mit Bewirtung im Freien; in Oberstetten; Schrozberg, Billingsbach; Hertensteiner Mühle; in Atzenrod; in Langenburg mehrere Gasthäuser und Cafés.

- Freizeitbad Solymar in Bad Mergentheim; beheiztes Freibad und Hallenbad in Weikersheim; Freibad in Schrozberg; Stausee vor Billingsbach; Freibad in Langenburg..

- Bad Mergentheim, Deutschordensmuseum; geöffnet März-Okt. Di-Fr 14.30-17.30, Sa/So 10-12 und 14.30-17.30, Nov.-Febr. nur Sa/So 10-12 und 14-17.30 Uhr. Weikersheim, Schloß; Schloßareal und Park frei zugänglich April-Okt. 8-21, Nov.-März 8-17.30 Uhr; das Mitführen von Rädern ist nicht erlaubt! Führungen im Schloß täglich 10-12 und 13.30-16.30 Uhr. Weikersheim, Tauberländer Dorfmuseum; geöffnet April-Okt. Di-So 10-12 und 14-17 Uhr. Langenburg siehe Tour 7.

Städtisches Kultur- und Verkehrsamt, Marktplatz 3, 97980 Bad Mergentheim, Tel.0 79 31/5 71 35.

 BHF Bad Mergentheim, Tel. 0 79 31/73 41 und Firma Fischer, Obere Mauergasse 61, Tel. 0 79 31/77 63.

Mehrere Residenzen verbindet dieser Radweg miteinander und führt dabei vom Taubertal ins Jagsttal. An der Strecke liegen Bad Mergentheim, die einstige Residenz des Deutschen Ordens, Weikersheim, das "hohenlohische Versailles", mit der Fürstenresidenz derer von Hohenlohe, Niederstetten mit dem Schloß einer Hohenlohe-Linie und Langenburg, das hübsche Residenzstädtchen.

 Als Heilbad mit Weltruf bezeichnet sich die Stadt **Bad Mergentheim**, die seit der Entdeckung der Mineralquellen im Jahr 1826 durch einen Schäfer zu einem der bedeutendsten deutschen Heilbäder zur Behandlung von Stoffwechselkrankheiten wurde. Die Nutzung der Salzquellen, die wohl bereits in vorgeschichtlicher Vergangenheit bekannt waren, dann aber verschüttet wurden und in Vergessenheit gerieten, die Anlage des Kurparks sowie einer Wandelhalle sind jedoch relativ junge Entwicklungen. Die Stadt selbst hat eine wesentlich ältere Tradition.

Um 1220 schenkten zwei Brüder aus dem Hause Hohenlohe dem Deutschen Ritterorden ihre Burg in Mergentheim; eine damals durchaus übliche Praxis, um den im Jahre 1190/98 im Heiligen Land gegründeten Kreuzfahrerorden zu unterstützen. Dieser Orden hatte es sich, genauso wie die beiden anderen Kreuzzugsorden, die Templer und die Johanniter, zur Aufgabe gemacht, die kranken Kreuzritter zu pflegen, aber auch gegen die Heiden zu kämpfen; bis 1291 im Heiligen Land, dann in Nordosteuropa. Dieser Kampf wurde finanziert mit Überschüssen, die auf den geschenkten Gütern erwirtschaftet wurden. Im Jahr 1525 verlegte der Deutsche Orden seine Residenz nach Bad Mergentheim. Die einstige Burg wurde ausgebaut (1565-1574) zum Deutschordensschloß, wo die Hochmeister residierten und die Besitzungen verwaltet wurden, bis Napoleon Anfang des 19. Jh. den Orden aufhob und den Besitz dem mit ihm verbündeten König von Württemberg zusprach.

Noch heute beherrscht das **Deutschordensschloß** das Stadtbild. Durch den auffällig rot gestrichenen Torturm betritt man den äußeren Schloßhof. Der Eingang zur reich ausgestatteten Schloßkirche (1736) befindet sich im inneren Schloßhof. Über einen Treppenturm erreicht man das Deutschordensmuseum, das den Zugang zu den Innenräumen des Schlosses ermöglicht.

Trotz seines Ruhms ist Bad Mergentheim eine gemütliche Stadt geblieben, die kaum mehr als 20 000 Einwohner hat. Recht nah liegen die Sehenswürdigkeiten beieinander, die man durch die belebte Fußgängerzone erreicht: das Münster St. Johannes, eine frühgotische Basilika mit Wandmalereien; die Marienkirche, im 14. Jh. erbaut als Klosterkirche eines Dominikanerklosters, mit dem Bronzegrabmal des Hochmeisters Cronberg (1539) und Fresken aus dem 14. Jh.; der Marktplatz mit Renaissance-Rathaus, achteckigem Brunnen und prächtigen Bürgerhäusern.

Vom Parkplatz am Freibad von Bad Mergentheim fahren wir wenige Meter auf den bebauten Talhang zu und folgen auf der Talsohle einer Straße nach rechts, wenig später einem asphaltierten Fahrweg, passieren mehrere Sportplätze und gelangen, stets mit Blick auf die Burgruine Neuhaus auf der gegenüberliegenden Talseite, bequem talaufwärts nach Igersheim.

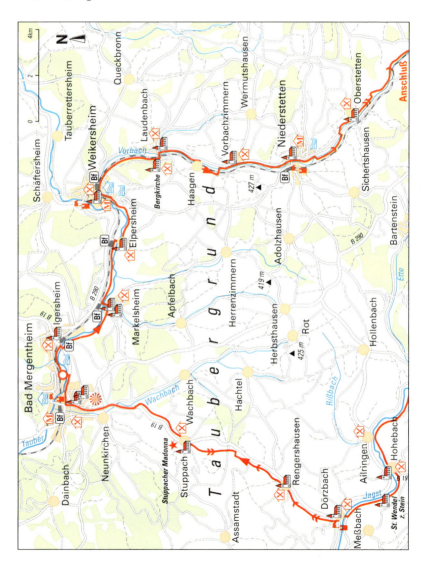

Am Ortsrand unterqueren wir die B 19, Bad Mergentheim - Würzburg, überqueren kurz nach dem Bahnhof den Fluß und wenden uns sofort nach links. Am Fuß des Talhangs fahren wir der Tauber entlang, steigen kurzzeitig an zu den ersten Häusern des Weinorts Markelsheim und gelangen, vorbei an der Winzergenossenschaft, in das Zentrum des hübschen Ortes.

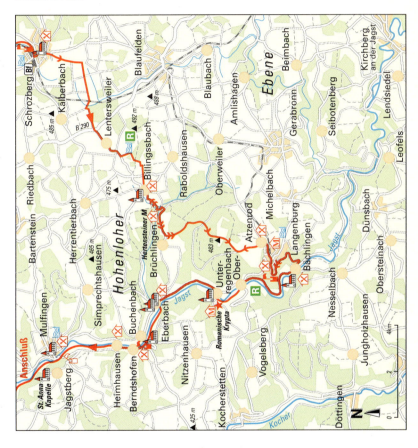

Info **Markelsheim:** An den zahlreichen Einkehrmöglichkeiten, in denen der heimische Weißwein serviert wird, ist zu sehen, daß das von Obstwiesen und Weinbergen umrahmte Dorf ein beliebter Ferienort ist, der vor allem zur Zeit der Weinlese gut besucht ist.

Entlang des offenen, kanalisierten Dorfbachs folgen wir nach links der Hauptstraße und wenden uns unmittelbar nach Überqueren der Tauber nach rechts. Ein asphaltierter Wirtschaftsweg führt, an Weinbergen vorbei, nach Elpersheim. Hier überqueren wir den Fluß, durchqueren den Ort, vorbei an der romanischen Chorturmkirche, und radeln nach Verlassen des Ortes auf einem asphaltierten Wirtschaftsweg am Fuß des Talhangs nach Weikersheim.

In einem locker bebauten Außenbezirk stoßen wir auf die Alte Steige, wenige Meter weiter auf eine Straßenkreuzung. Hier trennen sich der Taubertalweg und der Hohenloher Residenzweg, der geradeaus in Richtung Niederstetten / Schrozberg auf der ruhigen Laudenbacher Straße rechts der Gleise weiterführt.

Für einen Abstecher in die Altstadt mit dem Schloß folgen wir an der eben genannten Kreuzung zunächst der Laudenbacher Straße nach links über die Bahnlinie, dann der Durchgangsstraße (Friedrichstraße) ca. 250 m weit, ehe wir links einbiegen in die Kanalstraße. Auf der nächsten Querstraße, der Hauptstraße, wenden wir uns erneut nach links und gelangen durch ein Stadttor in die historische Altstadt und zum Marktplatz, wo sich der Zugang zum Schloß befindet.

Info

Bekannt ist die Stadt **Weikersheim** vor allem wegen des Schlosses, das als eines der bedeutendsten Renaissance-Schlösser Deutschlands gilt. Wie bei den anderen Hohenlohe-Schlössern, so stand auch hier zuerst eine mittelalterliche Burg, die den Herren von Weikersheim, den Begründern des Hauses Hohenlohe, gehörte. Ende des 16. Jh. verlegte einer der Grafen von Hohenlohe seine Residenz nach Weikersheim, ließ die Burg zu einem Schloß umbauen und den Garten anlegen. Weitere Ausbauten im 17. und 18. Jh. führten zu der heutigen Form des Schlosses und des Gartens, der im Stil von Versailles angelegt wurde mit Statuen, Blumenrabatten, einer Orangerie.

Bei den Führungen durch das **Schloß** bekommt man einen lebhaften Eindruck vom einstigen Glanz höfischen Lebens, denn die Innenausstattung aus dem 17./18. Jh. ist beinahe vollständig erhalten ist. Besonders prachtvoll ist der Rittersaal (um 1600) mit der bemalten Kassettendecke. In diesen Räumen sowie im inneren Schloßhof finden alljährlich Konzerte und Opernaufführungen junger Musiker aus aller Welt statt. Wer Wein von den fürstlichen Weinbergen kaufen möchte, kann dies in der Schloßkellerei im Torbau tun.

Beeindruckend ist auch der **Marktplatz**, der um 1710 geplant und angelegt wurde, nachdem durch einen Brand die Häuser im Stadtzentrum zum größten Teil zerstört worden waren. Der harmonische Eindruck des Platzes ist bis heute erhalten: Auf dem Platz der schöne Rokokobrunnen, an der Stirnseite die gotische Kirche St. Georg, gegenüber der Zugang zum Schloß mit den Arkadenbauten - früher Rentamt und Wachhaus -, an den Seiten hübsche barocke Häuser wie der Kavalierbau, das heutige Rathaus, und der Kornbau, in dem heute das Tauberländer Dorfmuseum untergebracht ist. Auf drei Stockwerken sind hier Möbel, Trachten und Arbeitsgeräte aus dem

18. und 19. Jh. ausgestellt, die größte Sammlung ländlichen Kulturgutes in Tauberfranken. Nach den Besichtigungen kann man in den Gasthäusern und Cafés am Marktplatz gemütlich einkehren.

An der Kirche St. Georg vorbei erreichen wir auf der weiterführenden Hauptstraße wieder die Laudenbacher Straße und nach rechts (Ausschilderung: Künzelsau) die schon oben genannte Kreuzung an der Bahnüberführung, an der wir uns nach links wenden in Richtung Niederstetten/Schrozberg. Wenige Meter oberhalb der Sohle des Vorbachtals fahren wir gemütlich talaufwärts. Wo die Straße links abknickt und die Gleise überquert, halten wir uns geradeaus auf einem für den KFZ-Verkehr gesperrten Sträßchen, unterqueren auf Höhe von Laudenbach die Bahnlinie und wenden uns sofort wieder nach rechts, wobei wir das Ortszentrum von Laudenbach links liegen lassen.

Info

Laudenbach ist ein ruhiger Weinort, durch den der Vorbach offen fließt. In dem einst befestigten Dorf fällt die kleine spätmittelalterliche Schloßanlage der Herren von Finsterlohr mit steilem Fachwerkgiebel auf. Die Pfarrkirche St. Margaretha lohnt einen Besuch wegen der bemerkenswerten spätgotischen Grabsteine. Die bekanntere Bergkirche liegt oberhalb des Ortes am Talhang und ist nur durch einen steilen Abstecher erreichbar (s. Tour 18).

Entlang der Gleise gelangen wir in den nur aus einer Häuserzeile bestehenden Weiler Haagen, einen Weinort, steigen kurzzeitig an und fahren auf einige hundert Meter Länge oberhalb der Gleise weiter, ehe wir wieder auf die Talsohle zurückkehren.

Info

Im ganzen Tal, insbesondere aber im Talabschnitt zwischen Laudenbach und Niederstetten, fallen mehrere Meter breite, teilweise bewachsene **Steinriegel** auf, die sich die Hänge hochziehen. Lesesteine, die von Generationen von Winzerfamilien zusammengetragen wurden, um den steinigen Boden bearbeiten zu können und gleichzeitig die Parzellen voneinander abzutrennen.

Vorbei an Vorbachzimmern gelangen wir schließlich nach Niederstetten. Am Ortsbeginn biegen wir wenige Meter vor der Durchgangsstraße rechts ab in die Vorbachzimmerner Straße, passieren den Friedhof mit der Friedhofskapelle, deren Fresken einen Blick wert sind, und halten uns wegen einer gegenläufigen Einbahnstraße kurz nach rechts, dann wieder nach links in die Stadtmitte.

Niederstetten: siehe Tour 14.

An der Kirche folgen wir nach rechts der Hauptstraße, verlassen den alten Stadtkern und folgen der Durchgangsstraße in Richtung Rothenburg, ehe wir nach 200 m der rechts abzweigenden Straße Kanalweg (Ausschilderung: Sportanlagen) zum Ortsrand folgen. In ihrer Fortsetzung führt ein asphaltierter Wirtschaftsweg über den Vorbach hinüber und auf dem schmalen Talgrund weiter talaufwärts. Kurz vor Oberstetten unterqueren wir die Durchgangsstraße und durchfahren dann, vorbei am Friedhof, das langgestreckte, nette Dorf.

Oberstetten: Auf dem zum Teil noch ummauerten Friedhof steht eine ursprünglich romanische Chorturmkirche, die Bonifatiuskirche, ausgestattet mit einem Taufstein von 1578 und einem barocken Hochaltar (um 1720).

Am Ortsende geht die Straße in einen befestigten Weg über, der im nun enger gewordenen Tal stärker ansteigt. Kurzzeitig sehr steil führt der Weg zu einem kleinen Stausee hoch und in zahlreichen Kurven entlang der Bahnlinie schließlich zu dem auf der Hochfläche gelegenen Schrozberg. Durch den Schloßpark gelangen wir zum beeindruckenden Schloß.

Schrozberg: Keimzelle des Ortes war eine Burg, die bereits vor dem 13. Jh. bestand, aber im 15. Jh. zerstört wurde. Als Ersatz wurde im 16. Jh. ein Wasserschloß erbaut, in dem Götz von Berlichingen sich während seiner Jugend aufhielt. Nach ihm wurde der Turm im Innenhof des Schlosses benannt. Im Jahr 1609 kam das Schloß an das Haus Hohenlohe. Heute ist hier die Stadtverwaltung untergebracht.

Vom Schloß fahren wir auf der Hauptstraße in die Ortsmitte, wo wir uns auf der querlaufenden Blaufelder Straße nach links wenden in Richtung Blaufelden/Rothenburg. Am Ortsende biegen wir rechts ab auf die Straße in Richtung Sigisweiler, steigen auf der Hochfläche an und biegen einige hundert Meter vor Sigisweiler rechts ab (Radmarkierung Hohenloher Residenzweg). Das schmale Sträßchen verläuft schnurgerade über die Hochfläche und kreuzt zunächst ein Sträßchen - hier nicht weiter der Markierung Hohenloher Residenzweg folgen, sondern geradeaus der Markierung Burgenweg! - dann die Bahnlinie Schrozberg - Blaufelden.

Wenig später halten wir uns an einer Gabelung nach links zum Waldrand, überqueren die B 290, Bad Mergentheim - Crailsheim, und durchfahren die auf der Hochfläche gelegenen Gehöftgruppen von Erpfersweiler und Lentersweiler. 300 m nach Lentersweiler folgen wir nach links einem asphaltierten Wirtschaftsweg 500 m weit zu einer Gabelung, an der wir uns rechts halten und zu einem kleinen Stausee (Bademöglichkeit) gelangen.

Bad Mergentheim im Taubertal ist Ausgangspunkt des Hohenloher Residenzwegs

Ein schnurgerades Sträßchen bringt uns in bequemer Fahrt nach Billingsbach, wo wir uns auf der Durchgangsstraße erst nach rechts, nach 100 m nach links wenden in Richtung Hertensteiner Mühle. Vorbei an der ummauerten Kirche gelangen wir auf einer Gefällstrecke (12%) im Tal des Rötelbachs zur Hertensteiner Mühle, einer zwischen den bewaldeten Talhängen eingezwängt erscheinenden Ausflugsgaststätte.

Der aus dem Tal steil aufsteigenden Straße (12%) folgen wir in Richtung Brüchlingen der Radmarkierung "Hohenloher Residenzweg", die uns bis Langenburg leitet. Ca. 500 m vor Brüchlingen biegen wir links ab und steigen nochmals steil an zum Waldrand. Hier wenden wir uns auf einer querlaufenden Straße nach links und erreichen nach ständigem Auf und Ab einen Parkplatz am Rand einer Lichtung.

Der rechts abzweigende Mühleisenweg, ein befestigter Forstweg, führt uns über einen bewaldeten Hügelrücken, dann über offenes Gelände nach Atzenrod. Auf der Durchgangsstraße wenden wir uns nach rechts und halten uns nach 100 m in einer Linkskurve der Straße geradeaus. Die Straße verläuft entlang einer Wohnsiedlung und mündet in Langenburg in die Hauptstraße ein, auf der wir nach rechts durch einen Torturm die malerische Altstadt von Langenburg erreichen.

Langenburg: siehe Tour 7

16

Im Jagsttal abwärts und zurück
nach Bad Mergentheim
Karte S. 94/95

Toureninfos

 52 km.

 Langenburg, Parkplatz am Schloß.

 Zum größten Teil auf asphaltierten Wirtschaftswegen und sehr schmalen, teilweise für den KFZ-Verkehr gesperrten Sträßchen; in Bad Mergentheim ca. 500 m auf stark befahrener Bundesstraße. Lange Abfahrt ins Jagsttal und bequem talabwärts; von Dörzbach 7 km langer, einfacher Anstieg auf die Hochfläche, dann bequeme Abfahrt. Durchgehend markiert.

 In Bächlingen, Eberbach, Buchenbach u.a. Gasthaus Ochsen (mit Biergarten); Heimhausen, Mulfingen; Hohebach; Rengershausen u. a. Gasthaus Hirsch mit Bewirtung im Freien (RT Di/Mi); Dörzbach; in Stuppach Gasthaus Zum Hirschen (kein RT) und Gasthaus Rose (RT Mo); in Bad Mergentheim mehrere Gaststätten und Cafés.

 Freibad in Langenburg; Flußbad in Bächlingen, Mulfingen, Dörzbach; Freizeitbad Solymar in Bad Mergentheim.

 Unterregenbach, Grabungsmuseum, ganzjährig täglich geöffnet 9-11.30 und 14-17.30 Uhr. Stuppach, Madonna; März-April 10-17, Mai-Okt. 9-17.30, Nov.-Febr. 11-16 Uhr.

 Rathaus, 74595 Langenburg, Tel. 0 79 05/91 02-0.

Wenig Anstrengung, viel Kultur, schöne Landschaft - eine richtige Genußtour, die vom Residenzstädtchen Langenburg talabwärts durch das obere, landschaftlich reizvolle Jagsttal bis Dörzbach führt.

Dort verläßt man das Tal, steigt leicht an auf eine Höhe von 387 m und radelt wieder talabwärts nach Bad Mergentheim im Taubertal. Unterwegs bieten sich zahlreiche Möglichkeiten, die Tour für Besichtigungen zu unterbrechen: die Bächlinger Kirche, die Krypta in Unterregenbach, das Einsiedlerkirchlein St. Wendel, die Stuppacher Madonna. Da es sich um eine Streckentour handelt, muß ein Rücktransport organisiert werden oder die Tour in Kombination mit Tour 15 gefahren werden.

Langenburg: siehe Tour 7.

Vom großen Parkplatz vor dem Langenburger Schloß folgen wir der Straße in Richtung Bächlingen in zwei Kehren steil in das Jagsttal hinunter und wenden uns in Bächlingen unmittelbar vor der Jagstbrücke nach rechts - hier überspannt auch eine Archenbrücke die Jagst - auf die Talstraße in Richtung Unterregenbach/Mulfingen. Hier befinden wir uns auf dem Jagsttalweg, dessen Markierungen wir bis Dörzbach folgen.

Bächlingen: siehe Tour 7.

Mit schönem Blick auf Langenburg fahren wir talabwärts entlang der Jagst um den Bergsporn herum, auf dem die Altstadt von Langenburg sitzt, und verlassen die Straße an der Königsmühle nach links. Unmittelbar nach Überqueren des Flusses biegen wir am Ortsrand von Oberregenbach rechts ab und erreichen auf einem ruhigen Sträßchen das malerisch in einer Flußschleife gelegene Unterregenbach.

Unterregenbach: siehe Tour 8.

Über eine Archenbrücke wechseln wir wieder zum anderen Flußufer hinüber und stoßen auf die Durchgangsstraße, der wir im recht engen Tal bequem nach Eberbach folgen. Im Ort wenden wir uns nach links in das Hirtengässle, überqueren die Jagst und folgen in leichtem Auf und Ab einem großteils asphaltierten Wirtschaftsweg nach Buchenbach, einem netten Dorf mit einigen Fachwerkhäusern.

 Buchenbach: Von weitem ist das turmartige Schloß mit dem Fachwerkaufsatz zu sehen, das oberhalb des Ortes steht. Da es sich in Privatbesitz befindet, kann das im 14./15. Jh. erbaute Schloß nicht besichtigt werden, stattdessen aber die evangelische Kirche mit Wandmalereien aus dem 13. Jh.

Wir halten uns wenige Meter nach rechts, folgen der Durchgangsstraße nach links über einen kanalisierten Bach und erreichen auf einem Fuß-

und Radweg entlang der Straße den Weiler Berndshofen. Diesen durchfahren wir auf der Straße und folgen wenig später einem rechts abzweigenden Fuß- und Radweg nach Heimhausen.

Vor der Jagstbrücke biegen wir links ab in die Straße Im Wasen, die sich am Ortsrand als "grüner Weg" - nur zwei Fahrstreifen sind asphaltiert - fortsetzt und auf der Talsohle verläuft bzw. kurz vor Mulfingen über einen flachen Hangausläufer hinüberführt. Unterhalb des an der Talkante gelegenen Orts Jagstberg mündet unser Weg auf Höhe von Mulfingen in die Straße Mulfingen - Jagstberg ein, auf der wir uns rechts halten. Unmittelbar vor der Straßenbrücke über die Jagst fahren wir geradeaus weiter zur St. Annakapelle.

Info In der kleinen **Wallfahrtskirche St. Anna** ist der Altar (1514) sehenswert, auf dem die heilige Sippe dargestellt ist.

Ein asphaltierter Wirtschaftsweg führt auf der breiten Talsohle weiter. Je mehr wir uns Ailringen nähern, desto mehr Steinriegel fallen am nördlichen, mit Obstbäumen bepflanzten Talhang auf, desto niedriger erscheinen die Talhänge. Wir passieren, weiterhin entlang dem Südufer, Ailringen, einen alten Königsort mit einer hoch über dem Ort gelegenen Wehrkirche (1621), und erreichen die von Obstbäumen umgebene Ortschaft Hohebach.

Hier ist zu entscheiden, ob man am Nordufer der Jagst bequem auf einem Radweg entlang der B 19, Künzelsau - Bad Mergentheim, nach Dörzbach fährt, oder ob man einem für den KFZ-Verkehr gesperrten Sträßchen bzw. einem Forstweg entlang dem Südufer den Vorzug gibt. Interessanter ist auf jeden Fall die zweite Möglichkeit, aber auch anstrengender.

Wir entscheiden uns für die interessantere Wegvariante: Im Ort folgen wir der B 19 nach links in Richtung Schwäbisch Hall/Künzelsau, biegen 50 m nach der Kirche rechts ab auf die Wendischhofener Straße, steigen auf dem ab dem Ortsrand für den KFZ-Verkehr gesperrten Sträßchen am Talhang an und erreichen am nunmehr recht steilen, bewaldeten Talhang die Kapelle St. Wendel zum Stein.

Info Direkt am Ufer der Jagst, an eine Felswand geklebt, steht die kleine **Wallfahrtskapelle St. Wendel zum Stein**, der Legende nach in den Jahren 1511-15 von einem Eremiten errichtet.

Durch heitere Landschaft radelt man von Stuppach
bequem talabwärts nach Bad Mergentheim

Nach einigen hundert Metern verlassen wir den bewaldeten Talhang wieder und gelangen auf der Talsohle an die Straße Dörzbach - Meßbach, auf der wir nach rechts über den Fluß zur B 19 in der Ortsmitte von Dörzbach gelangen.

Dörzbach: siehe Tour 11.

Der Bundesstraße folgen wir in Richtung Würzburg/Bad Mergentheim zunächst nach links, dann nach rechts und biegen kurz vor dem Ortsende links ab in die Straße Laibacher Weg. Wir folgen nun - den Jagsttalweg haben wir in Dörzbach verlassen - der Radmarkierung in Richtung Bad Mergentheim. Wir fahren leicht bergan, halten uns rechts und steigen nach dem Ortsende am Hang des engen Goldbachtals - am anderen Talhang verläuft die B 19 - auf einem asphaltierten Wirtschaftsweg stetig leicht an nach Rengershausen.

Auf Höhe des Friedhofs halten wir auf die Kirche zu, biegen nach 30 m links ab und steigen auf einer Dorfstraße weiter leicht an. An einem Kinderspielplatz wenden wir uns nach links unfd folgen der Goldbachstraße, nach wenigen Metern der Straße Assamstadter Weg zum Ortsrand. Ein schmales Landsträßchen führt weiterhin, parallel zur B 19, leicht bergauf im jetzt flachen Goldbachtal, knickt links ab und führt in den Stuppacher Wald hinein. An der ersten Rechtsabzweigung fahren wir auf die B 19 zu und folgen der Radmarkierung auf die Scheitelhöhe des Bergrückens hinauf.

Zwischen Feldern und vereinzelten Obstwiesen fahren wir auf einem für den KFZ-Verkehr gesperrten Sträßchen recht flott zu dem vor uns liegenden Dorf Stuppach hinunter und auf der B 19 vollends in den Ort. Die Kirche mit dem Altarbild "Stuppacher Madonna" liegt etwas erhöht am linken Ortsrand.

Info

Stuppach: Ein Gemälde hat den kleinen Ort weltberühmt gemacht, die Stuppacher Madonna. Dieses Bild wurde jedoch nicht hier gefertigt, sondern kam auf märchenhaft erscheinende Weise in den Besitz der Kirche: Im Jahr 1812 erwarb der damalige Pfarrer von Stuppach das große Gemälde, das nach Zeitgeschmack übermalt und Rubens zugeschrieben worden war, das sich aber nach der Reinigung und Restaurierung als Flügelbild des Maria-Schnee-Altars in Aschaffenburg erwies, bereits im Jahr 1519 gemalt von Matthias Grünewald. Heute hängt das Bild, das als herausragendes Kunstwerk der Region gilt und zahlreiche Besucher anzieht, in einem eigenen Kapellenanbau der Kirche.

Im Ort biegen wir von der Durchgangsstraße rechts ab auf die Wehrgasse (Radmarkierung), halten uns nach 50 m auf der querlaufenden Hindenburgstraße links und steigen am Ortsrand auf einem asphaltierten Wirtschaftsweg einige Meter an. Etwas oberhalb der Talsohle fahren wir nun bequem talabwärts, überqueren die Straße nach Lillstadt und gelangen in das Tal des Wachbachs. Zunächst fahren wir direkt neben der B 19 auf Bad Mergentheim zu und erreichen dann auf einer parallel zur B 19 verlaufenden Straße den Stadtrand von Bad Mergentheim.

Stets geradeaus gelangen wir durch die Brucknerstraße, eine Wohnstraße, zur stark befahrenen B 19, der wir 500 m weit folgen zu einer Ampelkreuzung. Geradeaus erreichen wir den Marktplatz und schieben unsere Räder durch die rechts abzweigende Burgstraße (Fußgängerzone) auf das Deutschordensschloß zu.

Bad Mergentheim: siehe Tour 15.

Vor dem Schloß halten wir uns in der querlaufenden Kapuzinerstraße nach rechts und biegen unmittelbar vor der Igersheimer Straße (B 19) links ab auf einen Radweg, der zunächst am Rand des Schloßparks verläuft. Wir passieren das sogenannte Schellenhäuschen, überqueren die Tauber und erreichen wenig später unseren Ausgangspunkt am Freibad.

17

Vom Taubertal ins unterfränkische Aub

Toureninfos

- 23 km.

- Bieberehren, Ortsteil von Creglingen im Taubertal; Parkplatz am Lindenplatz.

- Die Tour verläuft beinahe durchgehend auf ruhigen Sträßchen, lediglich im Taubertal 1,5 km auf Wirtschaftsweg. Zu Beginn sanfter Anstieg vom Taubertal auf die gewellte Hochfläche; im Tal der Steinach und Tauber bequem talabwärts. Nur im Taubertal markiert.

- In Baldersheim; in Aub Gaststätten u.Cafés; in Waldmannshofen; in Bieberehren zwei Gaststätten (Adler und Krone).

- Freibad in Baldersheim.

- Waldmannshofen, Feuerwehrmuseum im ehemaligen Wasserschloß; geöffnet Ostern-Ende Okt. täglich 10-12 und 14-16 Uhr. Kloster Frauental; in der Oberkirche Ausstellung "Vom Kloster zum Dorf"; frühgotische Unterkirche mit Mumien; geöffnet April-Okt. tägl. außer Mo 10-12 und 14-17 Uhr. Fuchshof, Besichtigung nach Vereinbarung, Tel. 0 79 33/5 72.

- Touristik-Zentrum Oberes Taubertal, 97993 Creglingen, Telefon 0 79 33/6 31

Wer dem Verkehr auf dem Radweg durch das Taubertal einmal entfliehen möchte, dem sei diese ruhige, nicht allzu anstrengende Radtour empfohlen. Hier wird man kaum auf andere Radfahrer treffen, und doch bietet auch diese Tour einiges Sehenswertes: das gemütliche Städtchen Aub mit der sehenswerten Stadtkirche, das Feuerwehrmuseum im ehemaligen Wasserschloß in Waldmannshofen und das ehemalige Zisterzienserinnenkloster Frauental.

Ausgangsort ist Bieberehren, ein Teilort von Creglingen, der sich der Hauptstraße entlangzieht, an der auch das auffällige Fachwerk-Rathaus mit dem Glockentürmchen steht.

Vom Lindenplatz in Bieberehren fahren wir auf der Durchgangsstraße nach links durch den Ort, überqueren die Gollach und biegen rechts ab in die Bahnhofstraße (Ausschilderung: Baldersheim/Burgerroth; Radmarkierung Naherholung Würzburg). Am Talhang steigen wir an, überqueren die Bahnlinie Bieberehren - Aub und folgen, mit Blick auf das Tauber- als auch das Gollachtal, einer ruhigen Landstraße über einen leicht gewellten Hügelrücken, auf dem Rübenäcker dominieren, nach Burgerroth. Im Ort knickt die Straße rechts ab und mündet am Ortsrand in eine querlaufende Straße ein.

 Tip Hier bietet sich ein Abstecher an zur **Kunigundenkapelle** (hin und zurück 2 km): Nach rechts in Richtung Buch, unter der Bahnlinie hindurch und auf Wirtschaftsweg geradeaus. Die spätromanische St. Kunigundkapelle (um 1200) steht weithin sicht-

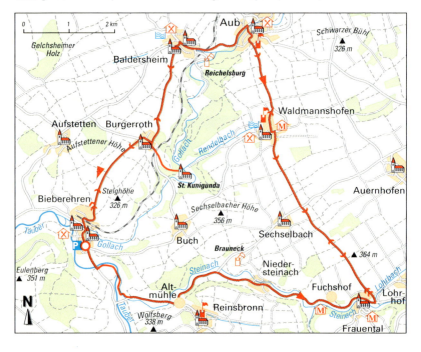

Das um 1600 erbaute Schloß am Ortsrand von Aub diente den Würzburger Fürstbischöfen als Jagdsitz

bar auf einer Erhebung über dem Gollachtal. Kunstgeschichtlich wertvoll sind die rätselhaften Fabelwesen an der halbrunden Erkerapsis. In der Nähe steht der sogenannte Kunigundenstein, vermutlich ein keltischer Opferstein mit napfartigen Vertiefungen, die mit Getränken und Getreidekörnern gefüllt wurden für Vögel und Schlangen, die als heilige Tiere galten.

Zur Fortsetzung der Tour wenden wir uns nach links (Ausschilderung: Aub) und fahren über eine sanft gewellte Hochfläche nach Baldersheim. Zur Rechten, am südlichen Rand des Gollachtals, ist die Ruine Reichelsberg zu sehen. In Baldersheim folgen wir der etwas stärker befahrenen Durchgangsstraße nach rechts in Richtung Aub, passieren ein Zementwerk und erreichen wenig später Aub. Auf Höhe des Ortskerns biegen wir rechts ab in Richtung Creglingen, überqueren die Gollach und steigen durch den am Talhang gelegenen Ort zum Ortsrand an.

Info

Einen ganz anderen Charakter als die Städte im Taubertal hat das in einem Seitental gelegene Städtchen **Aub**, was nicht verwunderlich ist, gehört das Städtchen doch bereits zum Landkreis Würzburg, also zu Unterfranken. Auf dem Marktplatz stehen eine barocke Mariensäule und ein spätgotischer Pranger, um den Marktplatz gruppieren sich das spätgotische Rathaus, einstige Patrizierhäuser und spitzgiebelige Fachwerkhäuser, laden die Fronten der Gasthöfe "Goldenes Lamm" und "Weisses Ross" zum Einkehren ein.

Zeit nehmen sollte man sich für einen Blick in die katholische Stadtkirche, erkennbar an ihrem hohen gotischen Turm. In der ursprünglich frühgotischen Kirche, die im Jahr 1945 stark beschädigt wurde, finden sich romanische Kapitelle und eine Kreuzigungsgruppe (um 1525) von Tilmann Riemenschneider.

Am Ortsrand steht an der Stelle einer mittelalterlichen Burg heute ein **Schloß** (um 1600) mit schönem Renaissancegiebel, das ehemalige Jagdschloß der Würzburger Fürstbischöfe, sowie ein Rundturm aus dem 16. Jh. Mitte Juni findet im Schloßgarten ein Ritterturnier statt.

Die Landstraße führt über die sanft gewellte Hochfläche zu einer Straßengabelung, an der wir uns rechts halten (Ausschilderung: Feuerwehrmuseum) und das in einer flachen Talsenke gelegene Waldmannshofen erreichen.

Info

Waldmannshofen: In dem kleinen Ort erstaunt das Wasserschloß, nach der Zerstörung im Bauernkrieg als Renaissancebau (1544) neu erbaut. Heute sind hier die Gemeindeverwaltung und ein Feuerwehrmuseum untergebracht.

Kurz vor der Kirche wenden wir uns nach links in Richtung Creglingen, biegen nach 50 m rechts ab und gelangen auf einer ruhigen Landstraße nach einem langgezogenen, leichten Anstieg recht bequem an eine

Straßenkreuzung. Geradeaus fahren wir über zwei flache Hügelrücken hinweg und steil (10%) in das Tal der Steinach hinunter und nach Frauental.

Info

Von dem im Jahr 1232 gegründeten Zisterzienserinnenkloster **Frauental** blieben nach der Zerstörung im Bauernkrieg (1525) nur das ehemalige Abteigebäude und die einstige Klosterkirche bestehen. Dieser frühgotische Bau ist unterteilt in eine Unterkirche und eine Oberkirche mit einstiger Nonnenempore.

Dort ist heute eine interessante Dauerausstellung aufgebaut, die über die Entwicklung vom Kloster zum Dorf informiert. In der Oberkirche fällt vor allem der romanisch-gotische Chor auf; in der renovierten Unterkirche, einst Grablege der Stifterfamilie, sind das Kreuzrippengewölbe, der barocke Taufstein und die Mumien bemerkenswert.

Entlang der in einem flachen Wiesental dahinfließenden Steinach folgen wir einer schmalen, ruhigen Landstraße talabwärts und passieren den Fuchshof.

Info

Fuchshof: Auf dem Hof, der seit Generationen im Besitz der Familie Fuchs ist, wurde im einstigen Schweinestall ein kleines bäuerliches Museum eingerichtet mit Raritäten und Kuriositäten aus dem bäuerlichen Alltag.

Wir überqueren die Steinach, ehe wir den aus großen Einzelgehöften bestehenden Weiler Niedersteinach durchfahren und unterhalb der Burgruine Brauneck auf eine breitere, von Sechselbach herführende Straße stoßen.

Ihr folgen wir nach links weiter talabwärts, fahren an der Altmühle vorbei, überqueren ein weiteres Mal die Steinach und biegen, wo das Steinachtal sich zum Taubertal hin öffnet, unmittelbar vor einer weiteren Steinachbrücke rechts ab auf einen asphaltierten Wirtschaftsweg (Radmarkierung Taubertalweg).

Entlang der Tauber bequem talabwärts fahren wir auf Bieberehren zu und kehren, die letzten Meter auf der Talstraße, zu unserem Ausgangspunkt in Bieberehren zurück.

18

Zur Bergkirche von Laudenbach und durch das reizvolle Vorbachtal

Durch Wald und Weinberge führt diese Tour, denn im Vorbachtal, einem Seitental des Taubertals, wird seit Jahrhunderten Wein angebaut, früher vorwiegend rote, heute weiße Sorten. An den Hängen fallen die riesigen, teilweise von Heckenrosen und anderen Sträuchern überwachsenen Steinriegel auf, zusammengelesene Steine, die die Weinberge gegeneinander abgrenzten, vor Wind schützten und auch die Wärme speicherten.

Toureninfos

 25 km.

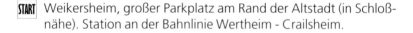 Weikersheim, großer Parkplatz am Rand der Altstadt (in Schloßnähe). Station an der Bahnlinie Wertheim - Crailsheim.

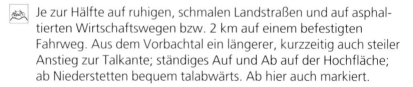 Je zur Hälfte auf ruhigen, schmalen Landstraßen und auf asphaltierten Wirtschaftswegen bzw. 2 km auf einem befestigten Fahrweg. Aus dem Vorbachtal ein längerer, kurzzeitig auch steiler Anstieg zur Talkante; ständiges Auf und Ab auf der Hochfläche; ab Niederstetten bequem talabwärts. Ab hier auch markiert.

Bei der Bergkirche Berggasthaus mit Garten (tägl. ab 10 Uhr geöffnet); in Niederstetten u.a. Gasthaus Krone am Marktplatz mit Tischen im Freien; in Laudenbach; in Weikersheim zahlreiche Gaststätten und Cafés.

Beheiztes Freibad und Hallenbad in Weikersheim.

Weikersheim, Schloß; Schloßareal und Park frei zugänglich April-Okt. 8-21, Nov.-März 8-17.30 Uhr; das Mitführen von Rädern ist nicht erlaubt! Führungen im Schloß täglich 10-12 und 13.30-16.30 Uhr. Weikersheim, Tauberländer Dorfmuseum; geöffnet

🕐 April-Okt. Di-So 10-12 und 14-17 Uhr. Laudenbach, Bergkirche; jederzeit zugänglich. Niederstetten, Heimatmuseum; geöffnet Mai-Sept. an Sonn- und Feiertagen 14-16 Uhr. Niederstetten, Albert-Sammt-Zeppelin-Museum, KULT, Hauptstr. 52a; geöffnet Mo 16.30-19.30, Di 12-14, Mi/Do 10-11.30, Fr 10-11.30 und 15-17.30 Uhr. Jagdmuseum Schloß Niederstetten; geöffnet April-Okt. Sa/So 10-12 und 13.30-17.30 Uhr.

ℹ️ Verkehrsamt im Rathaus, Marktplatz, 97990 Weikersheim, Tel. 0 79 34/1 02 55.

🚲 Bahnhof Weikersheim, Telefon 0 79 34/83 15 und Fahrradfachgeschäft Seyfer, Hauptstr. 34, Tel. 0 79 34/ 2 97.

Vom Parkplatz am Rand der Altstadt von Weikersheim überqueren wir den Stadtgraben, kurz darauf den Marktplatz, von wo aus man die Schloßanlage betritt.

Weikersheim: siehe Tour 15

Auf der Hauptstraße, einer Einbahnstraße, gelangen wir zur Laudenbacher Straße. Ihr folgen wir nach rechts (Ausschilderung:

Künzelsau) über die Bahnlinie Crailsheim - Wertheim und biegen sofort links ab in Richtung Niederstetten (Radmarkierung Niederstetten/ Schrozberg). Im Tal des Vorbachs radeln wir talaufwärts entlang der Bahnline, biegen aber wenige Meter vor dem Waldrand rechts ab auf einen asphaltierten Wirtschaftsweg, der sich nach wenigen Metern gabelt. Wir halten uns links (Ausschilderung: Bergkirche), steigen im Wald zunächst sehr steil an und folgen nun, ohne Abzweigungen zu beachten, einem befestigten, nur mehr leicht ansteigenden Forstweg zur Bergkirche und einem Gasthaus.

Info

Einsam im Wald liegt die in den Jahren 1412-59 erbaute **Bergkirche**, eine Wallfahrtskirche, die im 30jährigen Krieg teilweise zerstört, aber wieder aufgebaut wurde und, als es angeblich zu Wunderheilungen kam, eine wahre Blütezeit erlebte. An der Außenfassade der Kirche, der Eduard Mörike um 1845 ein Gedicht gewidmet hat, sind vor allem die gotischen Portale beachtenswert, im Innern im Hochaltar das Gnadenbild der Schmerzensmutter von ca. 1420, dem Ziel der Wallfahrer, sowie ebenfalls im Chor die plastische Gruppe der Anbetung der Heiligen Drei Könige aus der Schule von Tilmann Riemenschneider. Das Grabmal des Feldmarschalls Melchior von Hatzfeld, das das Herz dieses Förderers der Kirche enthielt und vom berühmten Bildhauer Achilles Kern im Jahr 1659 gefertigt wurde, mußte aus baulichen Gründen aus der Grabkapelle entfernt werden.

Der schmalen, ansteigenden Zufahrtsstraße zur Bergkirche folgen wir entlang der Talkante, überqueren die Straße Laudenbach - Honsbronn und steigen - nunmehr mit schönem Blick auf das Vorbachtal - auf einer sehr schmalen Landstraße über die freie Hochfläche allmählich zum höchsten Punkt der Umgebung an, einer mit Bäumen bestandenen Erhebung.

In bequemer Fahrt nähern wir uns der Straße Weikersheim - Pfitzingen, bleiben aber wenige Meter vor der Einmündung unseres Sträßchens in diese Straße auf einem Wirtschaftsweg, der geradeaus am Ortsrand von Pfitzingen entlangführt und kurz vor dem Ortsende in die Hauptstraße einmündet.

Wir biegen sofort wieder links ab und folgen einer schmalen Straße, die einen umfassenden Rundblick bietet, über eine sanft ansteigende Hochfläche hinweg zur Straße Pfitzingen - Niederstetten. Nach links fahren wir steil (12%) in das Vorbachtal hinunter, überqueren die Bahnlinie und gelangen in den alten Stadtkern von Niederstetten.

Niederstetten: siehe Tour 14

Am kleinen Marktplatz wenden wir uns nach links - hier treffen wir auf die Radmarkierung des Hohenloher Residenzwegs, die uns nach Weikersheim zurückbringt - und folgen geradeaus, am Friedhof vorbei, der Vorbachzimmerner Straße zu einer Umgehungsstraße.

Wenige Meter davor biegen wir links ab, passieren ein Gewerbegebiet und folgen auf der Talsohle bzw. einige Meter oberhalb einem Wirtschaftsweg entlang der Bahnlinie bequem talabwärts. An beiden Talhängen fallen die großen Steinriegel auf.

Das Dorf Vorbachzimmern lassen wir rechts liegen, fahren lediglich an einer links des Vorbachs sich hinziehenden Häuserzeile entlang und gelangen, nachdem wir auf wenige hundert Meter Länge links, d.h. oberhalb der Bahnlinie entlangfuhren, wieder auf die Talsohle und durch den aus nur einer Häuserzeile bestehenden Ort Haagen mit seinen Weinbergen.

Auf Höhe von Laudenbach, einem gepflegt wirkenden größeren Dorf (s. Tour 15), wenden wir uns auf der Straße Laudenbach - Honsbronn nach links, unterqueren die Gleise und folgen sofort wieder nach rechts einem für den KFZ-Verkehr gesperrten Sträßchen, das wenige Meter oberhalb der Talsohle am Waldrand und an der Bahnlinie entlangführt und nach 2 km in die Landstraße Laudenbach - Weikersheim einmündet. Geradeaus und vorbei an der Abzweigung des Weges, auf dem wir zu Beginn der Tour zur Bergkirche angestiegen sind, kehren wir nach Weikersheim zurück.

Auf der Laudenbacher Straße überqueren wir wieder die Bahnlinie, bleiben wegen der Einbahnstraßen in der Altstadt auf der um die Altstadt herumführenden Friedrichstraße und kehren durch die links abzweigende Kanalstraße zu unserem Ausgangspunkt zurück.

19

Vom Kurbad im Taubertal zur Madonna von Stuppach

Die Stuppacher Madonna, ein Gemälde von Matthias Grünewald, ist zweifellos der Höhepunkt der Tour, aber längst nicht alles, was die Tour zu bieten hat. Sie führt durch ruhige, in einer heiteren, abwechslungsreichen Landschaft liegende Dörfer, vorbei an einer Burgruine und einem Wildpark. Die Besichtigung der gemütlichen Kurstadt Bad Mergentheim, der Ausgangspunkt der Tour, bietet sich als Abschluß der Fahrt an.

Toureninfos

km 27 km.

START Bad Mergentheim, Parkplatz beim Freibad am Ortsrand in Richtung Igersheim (Ausschilderung an der B 19: Kurgebiet, Solymar). Station an der Bahnlinie Wertheim - Crailsheim.

Zum größten Teil auf sehr ruhigen, schmalen Landstraßen, aber auch auf asphaltierten Wirtschafts- und Forstwegen; in Bad Mergentheim ca. 500 m auf der stark befahrenen B 19. Zwei jeweils 1,5 km lange, steile Anstiege sowie ein langgezogener, mäßiger Anstieg von Wachbach nach Hachtel; bequeme Abfahrt nach Bad Mergentheim. Radmarkierung nur auf dem letzten Drittel der Tour.

Gaststätte und Kiosk im Wildpark; in Wachbach Gasthof Linde mit Bewirtung im Freien (RT Di); in Hachtel; in Stuppach Gasthaus Zum Hirschen (kein RT) und Gasthaus Rose (Hausmacherwurst; RT Mo); in Bad Mergentheim mehrere Gaststätten und Cafés.

Freibad in Wachbach. Freizeit- und Badepark "Solymar" und Freibad in Bad Mergentheim.

Bad Mergentheim, Wildpark; geöffnet April-Okt. täglich 9-18, Nov.-März nur Sa/So ab 10.30 Uhr. Hachtel, Mergenthaler-Museum; geöffnet nach Vereinbarung, Tel. 0 79 31/22 42. Stuppach, Altarbild; März-April 10-17, Mai-Okt. 9-17.30, Nov.-Febr. 11-16 Uhr. Bad Mergentheim, Deutschordensmuseum; geöffnet März-Okt. Di-Fr 14.30-17.30, Sa/So 10-12 und 14.30-17.30, Nov.-Febr. nur Sa/So 10-12 und 14-17.30 Uhr.

Städtisches Kultur- und Verkehrsamt, Marktplatz 3, 97980 Bad Mergentheim, Tel. 0 79 31/5 71 35.

BHF Bad Mergentheim, Tel. 0 79 31/73 41 und Firma Fischer, Obere Mauergasse 61, Tel. 0 79 31/77 63.

Vom Parkplatz am Bad Mergentheimer Freibad fahren wir zur B 19, Bad Mergentheim -Würzburg, und folgen, nach Überqueren der Bundesstraße, nach links einer neben der Bundesstraße verlaufenden Landstraße. Nach 1 km biegen wir rechts ab (Ausschilderung: Burg Neuhaus) und steigen auf einer Birkenallee, dann durch Wald steil an zur mächtigen Burgruine Neuhaus.

Info
An der Talkante liegt die **Burg Neuhaus**, eine im Mittelalter zum Deutschen Orden gehörende Burg, in deren einstigen Wirtschaftsgebäuden heute die Verwaltung einer Staatsdomäne untergebracht ist. Deshalb ist auch nur ein Teil des Burgbereichs zugänglich.

Auf der Scheitelhöhe des Kitzbergs steigen wir zwischen Wiesen und Feldern stetig leicht an und genießen den Ausblick auf das Taubertal und Bad Mergentheim. Kurz nach einem Abenteuerspielplatz stoßen wir auf die B 290, Bad Mergentheim - Crailsheim, der wir auf einem Radweg (Radmarkierung Herbsthausen) nach links folgen, wobei wir den Zugang zu einem Wildpark passieren.

Info
Ein beliebtes Ausflugsziel ist der weitläufige **Wildpark**, wo man Nachtvögel in begehbaren Volieren, Berberaffen in einem begehbaren Freigehege, Geier bei einer Vorführung, Hütehunde bei ihrer Arbeit und zahlreiche andere Tierarten wie Bären, Otter, Luchse bei den täglich zweimal stattfindenden Fütterungen (morgens gegen 11 Uhr und nachmittags zwischen 14 und 16 Uhr) beobachten kann. Anfassen und streicheln darf man Haustiere wie Zwergziegen, Esel und Kaninchen.

Wir kreuzen eine nach Markelsheim führende Straße und radeln bequem, parallel zur B 290, auf einem für den KFZ-Verkehr gesperrten Sträßchen durch Wald. Am Waldrand kreuzen wir die Bundestraße schräg nach links, fahren in zwei Kehren und vorbei an einer Sportanlage steil hinunter zu der im Tal verlaufenden Straße und nach rechts in das Dorf Wachbach hinein.

Info
Wachbach ist ein verträumtes, etwas im Abseits gelegenes Dorf, hat aber zwei sehenswerte Gebäude zu bieten: den zur evangelischen Kirche gehörenden romanischen Turm, der der Bevölkerung als Rückzugsmöglichkeit bei Gefahr diente, und das - nicht zugängliche - Renaissanceschloß (16. Jh.) der Freiherren von Adelsheim mit runden Ecktürmen und einem Prachtportal.

In der Ortsmitte wenden wir uns nach links, passieren die Kirche und biegen auf den nächsten links abzweigenden Wirtschaftsweg ein, auf dem wir auf der Sohle des Wachbachtals ansteigen nach Hachtel.

Info
Wer sich für das Druckgewerbe interessiert, der sollte im Rathaus des Dorfes das kleine Museum besuchen, das zu Ehren des wohl bekanntesten Einwohners von **Hachtel** eingerichtet wurde. Ottmar Mergenthaler, als Sohn eines Lehrers hier geboren, wan-

derte als 18jähriger nach Amerika aus, wo er im Jahr 1886 eine Maschine erfand, die die damalige Setztechnik revolutionierte: Mit seiner "Linotype" konnte man nun ganze Schriftzeilen auf einmal setzen.

In Hachtel folgen wir der Straße in Richtung Rengershausen nach rechts durch das Dorf und steigen auf 1,5 km Länge entlang des Waldrands steil an zu einer Straßenkreuzung auf der Höhe eines bewaldeten Hügelrückens. Geradeaus in Richtung Stuppach erreichen wir auf einem sanft gewellten, großteils bewaldeten Hügelrücken in bequemer Fahrt die B 19, Bad Mergentheim - Dörzbach, die wir überqueren.

Nach 300 m gelangen wir an eine Fahrwegkreuzung, an der wir rechts abbiegen und, der Radmarkierung in Richtung Stuppach folgend, recht flott durch ein Wiesental in das Dorf Stuppach hinunterfahren, dessen Kirche mit dem Madonnenbild etwas erhöht links am Hang liegt.

Stuppach: siehe Tour 16.

Im Ort biegen wir von der Durchgangsstraße rechts ab auf die Wehrgasse (Radmarkierung), halten uns nach 50 m auf der querlaufenden Hindenburgstraße links und steigen am Ortsrand auf einem asphaltierten Wirtschaftsweg einige Meter an. Etwas oberhalb der Talsohle fahren wir nun bequem talabwärts, überqueren die Straße nach Lillstadt und gelangen in das Tal des Wachbachs. Zunächst fahren wir neben der B 19 auf Bad Mergentheim zu und erreichen dann auf einer parallel zur Bundesstraße verlaufenden Straße den Stadtrand von Bad Mergentheim.

Stets geradeaus gelangen wir durch die Brucknerstraße, eine Wohnstraße, zur stark befahrenen B 19, der wir 500 m weit folgen zu einer Ampelkreuzung. Geradeaus erreichen wir den Marktplatz und schieben unsere Räder durch die rechts abzweigende Burgstraße (Fußgängerzone) auf das Deutschordensschloß zu.

Bad Mergentheim: siehe Tour 15.

Vor dem Schloß halten wir uns in der querlaufenden Kapuzinerstraße nach rechts und biegen unmittelbar vor der Igersheimer Straße (B 19) links ab auf einen Radweg, der zunächst am Rand des Schloßparks verläuft. Wir passieren das sogenannte Schellenhäuschen, überqueren die Tauber und erreichen wenig später unseren Ausgangspunkt am Freibad.

Stuppach, bekannt geworden durch ein Grünewald-Gemälde in der Dorfkirche, liegt in einer reizvollen Landschaft

20

Sakrale Kunstdenkmäler in den Seitentälern des Taubertals

Kirchen aus verschiedenen Epochen hat diese Tour zu bieten. Denn, obwohl die Ortschaften heute klein und etwas vergessen wirken, steht in jedem Ort eine große Kirche: eine mit spätgotischen Chor in Grünsfeld, barocke Kirchen in Gerlachsheim und Krensheim, romanische in Grünsfeldhausen und Oberwittighausen, die zudem eine ungewöhnliche Form aufweisen: sie sind beide achteckig. Ausgangspunkt ist Lauda im Taubertal.

> **Info**
>
> Etwas vergessen wirkt **Lauda**, verglichen mit den anderen Städtchen im Taubertal, und das, obwohl es ebenfalls Weinort ist und auf eine lange Stadtgeschichte zurückblicken kann. Doch von der einstigen Stadtbefestigung ist nur das Obere Tor (15. Jh.) erhalten, und die Fachwerkhäuser sind nicht ganz so zahlreich und wirken nicht ganz so stattlich wie in anderen Städten des Taubertals. Einen Blick wert aber ist der alte Friedhof mit der Marienkirche (1613) und einem Kreuzweg von 1784.

Von weitem im flachen Gelände zu sehen:
die achteckige Sigismundkapelle bei Oberwittighausen

Toureninfos

- 38 km.

- Lauda, Parkplatz an der Kirche. Station an den Bahnlinien Wertheim - Crailsheim und Würzburg - Stuttgart.

- Gut die Hälfte der Tour verläuft auf ruhigen Landstraßen, ansonsten auf Radwegen bzw. asphaltierten Wirtschaftswegen. Auf der ersten Hälfte der Tour drei teils recht steile Anstiege, wovon einer sich über 9 km hinzieht. Ab Unterwittighausen geht es dafür bequem bergab nach Lauda.

- In Gerlachsheim Gasthof Sonne (RT Mo); in Grünsfeld u.a. Eisner-Mühle mit Garten; in Unterwittighausen mehrere Gaststätten, ebenso in Lauda.

- Freibad in Lauda.

- Lauda, Heimatmuseum, April-Okt. sonn- und feiertags 15-17 Uhr.

 Grünsfeldhausen, Achatius-Kapelle geöffnet. Oberwittighausen, Sigismund-Kapelle, Schlüssel erhältlich in benachbartem Haus (s. Anschlag).

 Bürgermeisteramt, Postfach 1351, 97913 Lauda-Königshofen, Tel. 0 93 43/50 10.

 BHF Lauda, Tel. 0 93 43/76 81 und Kurt Mott, Rathausstr. 5, Tel. 0 93 43/80 39.

Vom Parkplatz bei der Stadtkirche am Rand der Altstadt von Lauda fahren wir zunächst geradeaus, über die Pfarrstraße hinweg, und in einem Bogen nach rechts zur Bahnlinie Wertheim - Crailsheim, die wir unterqueren. Wir verlassen Lauda, überqueren die Tauberbrücke (1512), auf der eine Nepomukstatue steht, und fahren auf einem Radweg entlang der Straße zur B 290, Tauberbischofsheim - Bad Mergentheim. Nach links gelangen wir auf dem Radweg auf Höhe von Gerlachsheim an eine Verkehrsampel. Hier kreuzen wir die Bundesstraße und erreichen auf der zeitweise stark befahrenen Durchgangsstraße, der Würzburger Straße, die Ortsmitte von Gerlachsheim.

> **Info** **Gerlachsheim:** In dem kleinen Weinort lohnt die ehemals zu einem Prämonstratenser-Kloster gehörende Kirche (1723-70), die zu den schönsten Barockkirchen des Taubertals zählt, einen Besuch.

Kurz vor der Kirche biegen wir links ab in die Mühlgasse und überqueren die alte Grünbachbrücke. Kilian, Burkhard, Michael und Nepomuk heißen die Heiligen, deren Statuen auf der aus der Barockzeit stammenden Brücke stehen und scheinbar den Zugang zum Weingebiet Herrenberg bewachen.

Talaufwärts folgen wir einem asphaltierten Wirtschaftsweg zunächst auf der Sohle des Grünbachtals, überqueren dann die Bahnlinie Lauda - Würzburg und steigen entlang von Weinbergen nach Grünsfeld an. Am Ortsbeginn stoßen wir auf eine ausgebaute Durchgangsstraße, der wir 600 m weit nach rechts folgen, dann links abbiegen und auf der Hauptstraße in den ruhigen, gepflegt wirkenden Ort leicht ansteigen.

> **Info** **Grünsfeld:** Unter den alten Fachwerkhäusern fällt vor allem das renovierte Rathaus von 1579 auf mit seinem Treppenturm und reich verziertem Obergeschoß. Es gilt als eines der schönsten der weiteren Umgebung.

Info Aus der Bauzeit der Pfarrkirche St. Peter und Paul Ende des 14. Jh. ist noch der Chor erhalten, die anderen Gebäudeteile stammen aus dem Barock. Ungewöhnlich üppig ist die Innenausstattung, sehenswert u.a. das Triumphbogenkreuz und das Relief am Grabmal der Gräfin von Rieneck, beides Werke von Tilman Riemenschneider.

50 m nach der Kirche folgen wir der links abzweigenden Steinbachstraße, passieren die Eisner-Mühle, eine Einkehrmöglichkeit, und wenden uns unmittelbar nach der Grünbachbrücke nach rechts. Hier treffen wir auf die Radmarkierung "Liebliches Taubertal, Sondertour 5", der wir im weiteren Tourverlauf folgen werden. Talaufwärts erreichen wir auf einem Wirtschaftsweg Grünsfeldhausen und wenden uns im Ort nach rechts zur Achatiuskapelle.

Info **St.-Achatius-Kapelle** : Sie steht ca. 4 m unterhalb des heutigen Straßenniveaus in der Aue des Grünbachs. Ein ungewöhnlicher Standort für frühe christliche Kirchen, war diese Stelle doch stark gefährdet durch Überschwemmungen, die Schlamm herantransportierten und so über Jahrhunderte bewirkten, daß die Talsohle aufgeschüttet wurde bis auf das heutige Niveau. Für die Kirche bedeutete dies, daß sie langsam im Schlamm versank: der Kirchenboden mußte um rund 3 m erhöht, das ehemalige Hauptportal zugemauert, eine neue Türöffnung herausgebrochen werden. Ende des 19. Jh. dann begann man damit, das Gelände um die immer wieder vom Wasser bedrohte Kirche zu drainieren und die Kirche wieder freizulegen, wodurch die heutige, künstlich entwässerte Senke entstand. Der ungewöhnliche Standort ist wahrscheinlich darauf zurückzuführen, daß sich hier zuvor ein keltisches Quellheiligtum befand, denn es war zur Zeit der Missionierung durchaus üblich, an heidnischen Kultstätten zunächst frühchristliche Kirchen aus Holz zu errichten.

An der heutigen, um 1200 erbauten Kirche erstaunt die Form: sie hat nicht, wie in der Romanik üblich, ein Langhaus, sondern einen achteckigen Grundriß, ist also eher rund. Rund aber war die im 4. Jh. über dem Grab Jesu in Jerusalem errichtete Kirche. Kreuzfahrer und Pilger, die das Grab besucht hatten, stifteten nach ihrer Rückkehr für diejenigen, die nicht selbst nach Jerusalem pilgern konnten, Kirchen, die Nachbildungen der Grabkirche waren, wie es wahrscheinlich auch hier der Fall war. Achteckig ist der Grundriß sowohl des Kirchenraums als auch des Chors und des Turms, der zwischen den beiden Gebäudeteilen sitzt. Die ursprünglichen Wandmalereien sind nur noch teilweise im Chor erhalten; die sonstige Innenausstattung ist sehr schlicht.

An der Kirche halten wir uns kurz nach links, folgen der Bachstraße und bleiben, wo die Landstraße eine scharfe Linkskurve beschreibt und am Talhang anzusteigen beginnt, auf der Talsohle. Talaufwärts erreichen wir Paimar, das wir nach rechts durchfahren. Etwa 300 m nach dem Ortsende biegen wir rechts ab in Richtung Krensheim und erreichen nach einem langgezogenen, recht mühsamen Anstieg auf einer ausgebauten, aber wenig befahrenen Straße das Dorf Krensheim.

Wir überqueren die Durchgangsstraße, fahren nach links durch den Ort - auffällig die vielen aus Tuffstein errichteten Häuser -, passieren die Barockkirche (1753), am Ortende einen Teich und wenden uns auf einem schmalen Sträßchen nach rechts. Dieses führt durch eine Senke hindurch und gabelt sich: Nach links steigen wir an und erreichen Poppenhausen. Auf der Durchgangsstraße durchfahren wir den Ort, passieren die Martinskirche und biegen bald nach dem Ortende in einer Senke links ab auf einen Wirtschaftsweg. Nach Überqueren einer niederen Erhebung erreichen wir kurz vor Oberwittighausen die Sigismundkapelle.

Info

Schön ist die Lage der **Sigismundkapelle** auf einer Erhebung außerhalb von Oberwittighausen, umgeben von einer wehrhaften Ummauerung und im Schatten einer alten Linde. Ungewöhnlich ist die Form: achteckig der Grundriß des Kirchenraums, achtechtig der später angebaute Chor, achteckig der in der Gotik aufgesetzte Turm, der mitten aus dem zeltähnlichen Dach herausragt. Rätselhaft sind die Skulpturen und relieffartigen Darstellungen am Portal: Tiere, menschliche Wesen, Zeichen, die nicht zu deuten sind.

Wechselvoll ist die Geschichte: Um 1150 wurde sie bei einer Quelle erbaut, war im 13. Jh. ein beliebter Wallfahrtsort, wurde im 30jährigen Krieg beinahe vollständig zerstört, danach wieder aufgebaut, wurde im 19. Jh., nachdem die Wallfahrt verboten worden war, von der Gemeinde Poppenhausen an Oberwittighausen verkauft und verfiel, bis im Jahr 1843 ein Gesetz erging, daß alte Baudenkmale erhalten werden sollten, woraufhin sie restauriert wurde.

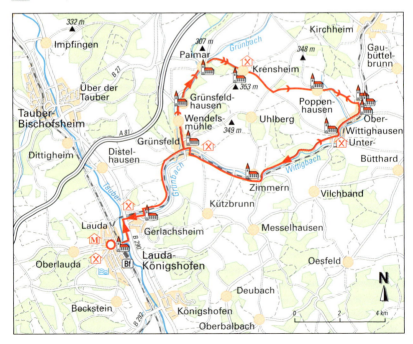

Heiligenstatuen sollen die Brücken, hier die alte Grünbachbrücke in Grünsfeld, schützen

In Oberwittighausen halten wir uns rechts und gelangen nach kurzem Anstieg nach Unterwittighausen, einem langgezogenen Dorf. In leichtem Auf und Ab führt die Landstraße am flachen Hang des Wittigbachs talabwärts nach Zimmern. Im Ort biegen wir links ab und stoßen auf die Bahngleise, denen wir nach rechts nun bequem auf der Talsohle des Wittigbachs bis Grünsfeld folgen. Am Rand des alten Ortskerns wenden wir uns auf der Durchgangsstraße nach links, biegen nach einigen hundert Metern erneut links ab auf einen Wirtschaftsweg und kehren auf demselben Weg, auf dem wir zu Beginn unserer Tour Grünsfeld erreichten, über Gerlachsheim nach Lauda zurück.

Zu den Weinbergen von Königheim und den Fachwerkhäusern von Tauberbischofsheim

Toureninfos

- **km** 33 km.

- **START** Gamburg, Parkplatz unmittelbar an der Tauberbrücke. Station an der Bahnlinie Wertheim - Crailsheim.

- Je zur Hälfte auf ruhigen Landsträßchen und landwirtschaftlichen Wegen bzw. Radweg neben der Straße. Langgezogener, streckenweise steiler Anstieg auf den ersten 5 km; die beiden letzten Drittel der Tour bequem abwärts. Ab Königheim markiert.

- In Eiersheim Gasthaus "Zum Becke-Fritz" (RT Mo); in Königheim mehrere Gaststätten, jedoch die meisten nachmittags geschlossen; in Tauberbischofsheim mehrere Cafés und Gasthäuser, u.a. Turmwächter am Schloßplatz mit Biergarten; in Hochhausen Gasthof Schwarzer Adler mit Biergarten; in Werbach Landgasthof Drei Lilien (RT Do); in Niklashausen Gasthaus Hirsch mit Biergarten (RT Mo und Di, nachmittags geschlossen); Radlerstüble mit Biergarten direkt am Weg (RT Mo); in Gamburg Gasthaus Grüner Baum mit Biergarten (RT Mo).

- Freibad und Hallenbad in Tauberbischofsheim.

- Tauberbischofsheim, Museum im Kurmainzischen Schloß; geöffnet Ostern-Okt. Di-Sa 14.30-16.30, sonn- und feiertags 10-12 und 14.30-16.30.

- Heimat- und Verkehrsverein, 97956 Gamburg, Tel. 0 93 48/2 43.

Nicht ganz mühelos ist der erste Teil der Tour vom Taubertal auf die Hochfläche zum Weinort Königheim, doch dort kann man getrost eine Rastpause einlegen, denn dann geht es nur noch talabwärts. Doch sollte man diese Fahrt nochmals unterbrechen in Tauberbischofsheim, einem gemütlichen Städtchen mit interessantem Museum.

Vom Parkplatz an der Tauberbrücke bei Gamburg fahren wir in das Dorf hinein.

> **Info**
>
> **Gamburg:** Nicht zu übersehen ist das über dem Ort in beherrschender Stellung sitzende Schloß, dessen ältester Teil der noch von der mittelalterlichen Vorgängerburg stammende Bergfried ist. Ab Mitte des 17. Jh. ließen die Mainzer Fürstbischofe diese Burg zu einer mächtigen Festung ausbauen, die heute in Privatbesitz ist und nicht besichtigt werden kann.

Im Dorf wenden wir uns nach rechts in Richtung Uissigheim und folgen, schon außerhalb des Orts, der bei der Dorfmühle links abzweigenden Straße -hier nicht der Radmarkierung des Taubertals geradeaus folgen- die im bewaldeten Tal des Meisenbachs steil ansteigt. Die Rechtsabzweigung nach Uissigheim und den Waldrand lassen wir hinter uns und biegen ca. 300 m nach dem Waldrand, die Straße verläuft hier recht eben, links ab auf einen asphaltierten Wirtschaftsweg (keine Ausschilderung), der nach rechts ansteigt und in einem weiten Linksbogen auf Eiersheim zuführt.

Unmittelbar vor dem Sportplatz wenden wir uns nach rechts zur Straße, folgen dieser in die Dorfmitte und steigen unmittelbar vor der Kirche in der rechts abzweigenden Pfarrgasse für wenige Meter steil an. Wir umfahren die Kirche und halten uns am Ortsende rechts - nicht der geradeaus zum Friedhof führenden Straße folgen! Ein steil ansteigendes Sträßchen führt an einer kleinen Kapelle vorbei, kreuzt die Straße Tauberbischofsheim - Külsheim und schwenkt nach 100 m am Waldrand links ab. Allmählich geht der Anstieg in eine leichts Gefällstrecke über und entlang des Waldrands, dann wieder durch Wald gelangen wir in einem weitgeschwungenen Linksbogen in das flache Wiesental Haigergrund, ein Naturschutzgebiet, hinunter.

Auf der Mitte der Talsohle führt das Sträßchen sanft bergab zwischen recht flachen Talhängen, deren frühere Nutzung für den Weinbau noch heute zu erkennen ist an den Resten der einstigen Terrassierungen. Am Ortsrand von Königheim passieren wir die Haigerkapelle und fahren vollends zur Ortsdurchfahrt, der Tauberbischofsheimer Straße, hinunter. Da unsere Tour links entlang des kanalisierten Brembachs talabwärts weiterführt, müssen wir, wollen wir den alten Kern dieses Weinorts ansehen oder einkehren, einen Abstecher nach rechts machen.

Info Entlang des offenen Brembachs, auf dem Enten und Gänse schwimmen und über den rund 20 Brückchen führen, ziehen sich die Häuser talaufwärts. Auffallend sind die großen Sandsteinportale an den Winzerhäusern und das hübsche Gebäude-ensemble mit Fachwerk-Rathaus und barocker Kirche St. Martin. Zu dieser führt eine

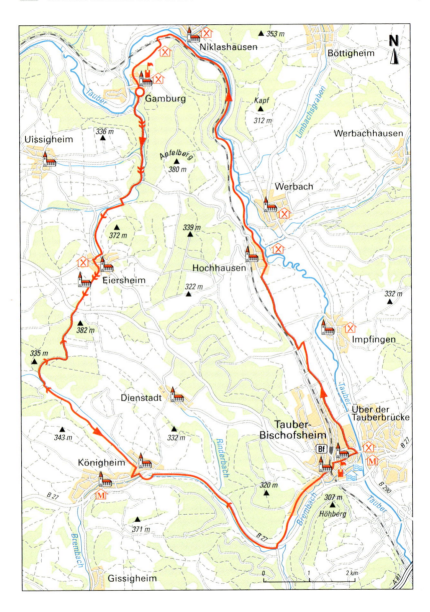

Freitreppe empor, an deren Stirnseite sich eine Ölberggruppe (1499) aus der Werkstatt Riemenschneiders befindet. Wer sein Rad etwas beschweren möchte, kann im Weingut Schmidt den "Königheimer Kirchberg" erwerben, denn Königheim ist die zweitgrößte Winzergemeinde in Tauberfranken.

Bei Radfahrern als Zwischenstop auf dem Taubertal-Radweg äußerst beliebt: das Fachwerkstädtchen Tauberbischofsheim

Am Ortsende folgen wir nach rechts - hier jetzt die Radmarkierung "Liebliches Taubertal, Sondertour 3" - der Auffahrt zur Bundesstraße 27, Hundheim - Tauberbischofsheim, unterqueren die Bundesstraße und biegen unmittelbar vor der B 27 rechts ab auf einen asphaltierten Wirtschaftsweg in Richtung Tauberbischofsheim.

In bequemer Talfahrt, parallel zur B 27, erreichen wir im flachen Tal des Brembachs die rechts abzweigende Straße nach Dittwar/Heckfeld. Hier unterqueren wir die Bundesstraße und gelangen auf der alten Königheimer Straße nach Tauberbischofsheim und, stets geradeaus haltend, in die historische Altstadt.

Info

Tauberbischofsheim ist eines der viel besuchten Fachwerkstädtchen im Taubertal und an der Romantischen Straße. Bereits um 735 gründete hier Bonifatius, der maßgeblich das Land missionierte, das erste Frauenkloster Germaniens und unterstellte es der Leitung einer Verwandten, der Hl. Lioba. Davon ist heute nichts mehr zu sehen, stattdessen aber einiges von der über 500 Jahre währenden Herrschaft der Erzbischöfe von Mainz über den Marktflecken, der zunächst nur Bischofsheim hieß: das Kurmainzische Schloß. Mit dem Bau des weitläufigen Gebäudekomplexes wurde Ende des 13. Jh. begonnen, doch bis ins 16. Jh. wurde er ständig erweitert. Bis 1803 saßen hier die Amtsmänner aus Mainz, heute ist in den historischen Räumen das tauberfränkische Landschaftsmuseum untergebracht, dessen Ausstellungsgegenstände - u.a. prähistorische Funde, kirchliche Kunst, barocke Möbel, Trachten, bäuerlicher Hausrat - einen Überblick über die verschiedenen Aspekte der regionalen Geschichte bieten.

Zu dieser malerischen Gebäudegruppe gehört auch der Türmersturm, der letzte von einst 24 Wachtürmen rund um die Stadt. Im Zentrum der kreisförmig angelegten Altstadt befindet sich der Marktplatz mit stolzen Häusern: dem neugotischen Rathaus, der Alten Post, der Sternapotheke, dem Haus Mackert, das einst einem wohlhabenden Weinhändler gehörte.

Unweit des Marktplatzes steht die Kirche St. Martin, ein Neubau vom Anfang dieses Jahrhunderts, in der jedoch einige wertvolle Ausstattungsstücke beachtenswert sind: u.a. ein Steinrelief des heiligen Martin (9. Jh.), ein Sakramentshäuschen von 1448, ein Altar (16. Jh.) mit Figuren aus der Riemenschneiderwerkstatt. An der benachbarten zweigeschossigen Sebastianskapelle (1474), in deren Untergeschoß die Gebeine Verstorbener aufbewahrt wurden, gefällt vor allem das spätgotische Portal.

Wir passieren das zur Rechten gelegene Schloß und schieben unsere Räder durch die Hauptstraße (Fußgängerzone) zum flußseitigen Rand der Altstadt. Auf der Schmiederstraße, der Altstadtumgehung, halten wir uns links, biegen wenig später rechts ab auf die Pestalozzi-Allee und folgen einem Rad- und Fußweg neben der Straße durch ein ausgedehntes Industrie- und Gewerbegebiet in Richtung Hochhausen.

Sehr bequem fahren wir auf der Sohle des breiten Taubertals dahin, halten uns, entsprechend der Radmarkierung des Taubertalwegs, kurz vor Hochhausen etwas nach rechts zum Ortsrand, wenden uns bei den ersten Häusern wieder nach links und durchfahren auf der Rathausstraße den Ort. Auf Höhe von Werbach gelangen wir an die Tauber, halten uns aber unmittelbar vor der Tauberbrücke geradeaus.

Entlang der mäandernden Tauber fahren wir im hier noch sehr breiten Tal bequem talabwärts und sind überrascht, nach einer Linkskurve plötzlich eine Engstelle des Tals vor uns zu haben: Die bewaldeten Talhänge rücken so dicht zusammen, daß neben dem Fluß gerade noch genügend Raum ist für die Bahnline, die Straße und unseren Weg. Nach etwa 2 km weitet sich das Tal ein wenig und wird auf Höhe des am anderen Ufer gelegenen Dorfes Niklashausen wieder wirklich breit.

Info

Im Jahr 1476 war es, als vor der Wallfahrtskapelle von **Niklashausen** der Viehhirt und Spielmann Hans Böheim, genannt der Pfeiferhannes, auf Weisung der ihm erschienenen Jungfrau Maria, so sagte er, gegen die Willkür der Pfaffen und für die Gleichheit aller Menschen zu predigen begann. Radikale Töne, die Zehntausende von Bauern veranlaßten, sich auf den Weg nach Niklashausen zu machen, Töne aber, die den Herrschenden nicht gefielen, weshalb der Pfeiferhannes im Juli desselben Jahres in Würzburg verbrannt und die Wallfahrt nach Niklashausen verboten wurde.

Doch zu spät, die Worte wirkten bereits: Wenig später taten sich Bauern in der Vereinigung "Bundschuh" zusammen, um für die Rechte der von Abgaben und Frondiensten geplagten Bauern einzutreten. Im Jahr 1525 dann erhoben sich die Bauern zu Tausenden, schlossen sich zu "Haufen" zusammen, plünderten Klöster und brannten Burgen nieder. Doch sie wurden im Juni 1525 vom überlegenen Heer des Schwäbischen Bundes geschlagen und niedergemetzelt.

Vorbei am recht einsam gelegenen Bahnhof von Niklashausen und, einige hundert Meter später, vorbei an dem wohl speziell wegen der zahlreichen Radfahrer eingerichteten "Radlerstüble" fahren wir auf Gamburg zu, dessen Schloß schon von weitem zu sehen ist.

Nach einer Bahnunterführung erreichen wir den Ortsrand und kehren durch das Dorf zu unserem Ausgangspunkt an der Tauber zurück.

22

Zur Brunnenstadt Külsheim und zum Kloster Bronnbach

Mitten durch das sogenannte "Madonnenland" führt diese Tour: Überall sieht man unterwegs Steinkreuze, Bildstöcke und an den Hausfronten Madonnen in verglasten Kästen.

Toureninfos

km 28 km.

START Waldenhausen, beschränkte Parkmöglichkeiten an der Straße "Steige" in Richtung Sachsenhausen vor dem Schul-Sportgelände. Anfahrt mit der Bahnlinie Wertheim - Crailsheim möglich; aussteigen in Bronnbach und Tour dort beginnen. BHF liegt direkt am Radweg.

Etwa je zur Hälfte auf ruhigen Sträßchen und auf teils asphaltierten, teils befestigten Wirtschafts- bzw. Forstwegen. Zu Beginn ca. 2 km langer, steiler Anstieg (12%) aus dem Taubertal, dann leichtes Auf und Ab auf der Hochfläche; ab Külsheim recht steil bergab in das Taubertal.

In Külsheim Café und mehrere Gaststätten; in Bronnbach Klosterwirtschaft mit Biergarten (kein RT); in Waldenhausen Gasthaus Krone mit Garten (RT Mo).

Keine.

Kloster Bronnbach, Führungen (erst ab 6 Pers.) in der Kirche und im Kreuzgang April-Okt. 9.15-11.15 und 14-16.30 Uhr, Dauer ca. 30 Min; Museum in der ehemaligen Kelter jederzeit zugänglich.

Tourist-Information, Am Spitzen Turm, 97877 Wertheim, Tel. 0 93 42/10 66 oder 10 67.

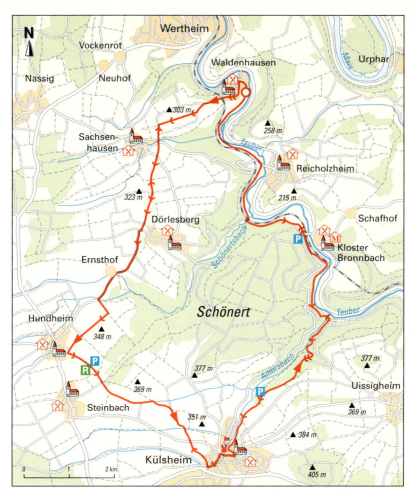

Von unserem Ausgangspunkt in der Straße "Steige" in Waldenhausen folgen wir einfach der schmalen, weiterhin steil ansteigenden Landstraße (12%), die aus dem Taubertal auf die Hochfläche führt. Man sollte, trotz des mühsamen Anstiegs, nicht versäumen, gelegentlich einen Blick zurück auf den Ort und die ehemals wegen des Weinanbaus terrassierten Hänge zu werfen. Kurzzeitig durch Wald, dann zwischen Feldern und Wiesen steigen wir weiter an auf die Hochfläche, fahren durch eine flache Senke auf Sachsenhausen zu und überqueren auf Höhe von Sachsenhausen (Radmarkierung Dörlesberg) zunächst die Straße, die in das Taubertal nach Reicholzheim führt, wenig später die

Straße nach Dörlesberg (Radmarkierung Dörlesberg). In ständigem leichten Auf und Ab gelangen wir an den Ortsrand von Dörlesberg, wo wir geradeaus der ansteigenden Durchgangsstraße folgen in Richtung Hundheim.

Etwa 700 m nach dem großen Gehöft Ernsthof biegen wir am Talbach, kenntlich durch eine Baumreihe, links ab auf einen asphaltierten Wirtschaftsweg (keine Ausschilderung), folgen nach wenigen hundert Metern dem ersten rechts abzweigenden und ansteigenden Fahrweg und erreichen den Ortsrand von Hundheim. Nach links folgen wir der schmalen Külsheimer Straße in sanftem Auf und Ab über die Hochfläche, kreuzen die Straße Steinbach - Külsheim und steigen nochmals kurzzeitig an, ehe wir auf der Durchgangsstraße nach links bergab (Ausschilderung: Rathaus/Schloß) die Altstadt von Külsheim erreichen.

Info

Külsheim: Am Hang liegt das schön erhaltene Städtchen, das bekannt ist für seine zahlreichen Brunnen. Insgesamt 16 sollen es sein, die heute noch Wasser spenden: u.a. der Löwenbrunnen (1572) vor dem ehemaligen Fachwerk-Rathaus (1522), der Badbrunnen, der älteste Brunnen, der einst das Badhaus des Chirurgen versorgte, der dreischalige Kapellenbrunnen (14. Jh.) vor der spätgotischen, mit Fresken geschmückten Katharinenkapelle. Dort steht auch das Träublesbild, eine barocke, von Weinlaub und Trauben umrankte Mariensäule, die darauf hinweist, daß Külsheim auch ein Weinort ist. Zu den besseren Frankenweinen zählt die Lage "Hoher Herrgott", ein Name, der auf ein im Weinberg stehendes Kreuz zurückzuführen ist.

Im oberen Teil des Ortes steht das vierflügelige Schloß, von dessen mittelalterlichem Ursprung noch der romanische Bergfried erhalten ist und in dem heute die Stadtverwaltung untergebracht ist. Auf dem Schloßplatz, an dem auch die Kirche St. Martin (15. Jh.) steht, findet alljährlich Anfang September ein großer Markt statt.

In der Altstadt folgen wir nach links bergab der Rathausstraße (Radmarkierung Liebliches Taubertal), die rechts abknickt und unterhalb des Schlosses in den Ölmühlweg übergeht. Dieses schmale Sträßchen führt am Hang des Amorsbachtals zwischen Wiesen, Obstwiesen und Schrebergärten talabwärts. An einer Weggabelung halten wir uns rechts, folgen wenig später einem querlaufenden Weg nach links bergab (Radmarkierung) und fahren entlang der Kante des Amorsbachtals talabwärts. Vorbei an einem kleinen Spielplatz unweit einer Kneipp-Anlage gelangen wir auf dem größtenteils befestigten, nur auf steilen Streckenabschnitten asphaltierten Fahrweg im engen, jetzt bewaldeten Tal des Amorsbachs in das Taubertal hinunter. An der Einmündung unseres Wegs in den querlaufenden Taubertal-Radweg steht eine Schutzhütte, die sich für eine Rastpause anbietet.

Nach links steigen wir auf dem asphaltierten Weg kurzzeitig an, fahren in insgesamt bequemer Fahrt - jetzt auf einem befestigten Weg - einige Meter oberhalb der Tauber talabwärts und stoßen auf die Straße Külsheim - Bronnbach, auf der wir nach wenigen hundert Metern eine alte Tauberbrücke und das am rechten Flußufer gelegene Kloster Bronnbach erreichen.

Info

Das **Kloster Bronnbach** lag einst in einem entlegenen Winkel des Taubertals. Benachbarte Edelherren hatten den Zisterziensermönchen aus Waldsassen Mitte des 12. Jh. hier Land geschenkt, so daß sie, entsprechend der Regeln ihres Ordens, sich ganz der Lektüre der Heiligen Schrift sowie der körperlichen Arbeit widmen konnten.

Ihre Einstellung spiegelt sich auch in der schlichten Bauweise der um 1222 geweihten Kirche wider: So hat diese statt eines Kirchturms nur einen kleinen Dachreiter und war ursprünglich im Kircheninnern schmucklos. Die heutige barocke Ausstattung der Kirche stammt aus dem 17. und 18. Jh. Aus dem Barock stammt auch der festliche Josephssaal; aus der romanischen Bauphase sind nur der Kreuzgang sowie der Kapitelsaal erhalten. Dieser Teil des Klosters ist nur im Rahmen einer Führung zugänglich.

Die dorfähnliche Einheit, die Kloster, Kirche und Wirtschaftsgebäude einst bildeten, ist seit Ende des letzten Jahrhunderts durch den Bau der Talstraße zerstört. Mitten durch die Klosteranlage führt nun eine Straße. Daß dies nicht von Anfang an so war, ist deutlich zu sehen an dem erhöhten Niveau der Straße gegenüber den Gebäuden: Hospital, Fruchtscheuer, einstige Wirtschaftsgebäude. Einige wurden im Rahmen der umfassenden Restaurierung des Klosters bereits renoviert und werden heute u.a. als Museum und als Archiv genutzt. In ihrer ursprünglichen Funktion erhalten blieb die Klosterwirtschaft, heute eine bei Radfahrern beliebte Einkehrmöglichkeit.

Zur Fortsetzung der Tour kehren wir an das linke Flußufer zurück und steigen kurz vor dem Bahnhof Bronnbach an einem Parkplatz auf einem asphaltierten Fahrweg steil an, halten uns nach 200 m an einer Gabelung rechts und gelangen, jetzt wieder auf einem befestigten Weg, auf die Talsohle hinunter. An der Einmündung des Schönertsbachs passieren wir eine Rasthütte, unterqueren die Bahnlinie Wertheim - Crailsheim und gelangen nach Reicholzheim.

An der Tauberbrücke mündet unser Weg in die nach Sachsenhausen führende Straße. Wir halten uns links, biegen aber schon nach 100 m rechts ab in die Straße Zum Ottersberg, die am Ortsende in einen asphaltierten Weg übergeht. Entlang der Bahngleise passieren wir einen Campingplatz und steigen einige Minuten später kurz an nach Waldenhausen, wo wir auf der ersten querlaufenden Straße zu unserem Ausgangspunkt zurückkehren.

Schmuckes Fachwerk, bunte Bauerngärten und gepflegte Einfriedungen bereichern die Ortsbilder im Hohenloher Land und Taubertal

Endpunkt des Taubertal-Radwegs ist Wertheim,
hübsch am Zusammenfluß von Tauber und Main gelegen

23-25

Auf dem Taubertal-Radweg abwärts - Radelvergnügen für 1 - 3 Tage

Allgemeine Informationen
Tourencharakter: Der Radweg ist bestens markiert und verläuft, außer in Städten, nahezu durchgängig auf asphaltierten, autofreien Wegen. Touristisch bestens erschlossen: Picknicktische am Weg, Hinweisschilder auf in der Nähe des Wegs gelegene Gaststätten, die weitgehend auf Radfahrer eingestellt sind und häufig durchgehend warme Küche und Bewirtung im Freien bieten. Insgesamt sehr gut für Familien geeignet.

Einteilung: Aufgrund der zahlreichen Unterkünfte am Weg ist eine individuelle Etappen-Einteilung möglich. Es bietet sich eine Aufteilung in drei bequeme Etappen zu je 30-40 km an, was genügend Zeit läßt für Besichtigungen, oder in 2 Etappen mit Übernachtung in Bad Mergentheim bzw. in der Jugendherberge Igersheim. Weitere JH: in Rothenburg, Creglingen, Weikersheim, Tauberbischofsheim und Wertheim. Informationen zu anderen Unterkünften bei den jeweiligen Fremdenverkehrsämtern oder aus dem Unterkunftsverzeichnis Liebliches Taubertal, erhältlich bei der Touristikgemeinschaft Taubertal. Manche der Gastgeber bieten Gepäcktransport an.

An- bzw. Rückfahrt: Da es sich um eine Streckentour handelt, muß An- bzw. Rückfahrt organisiert werden. Dies ist möglich:

Per Zug: Die Bahnlinie Wertheim - Crailsheim verläßt bei Weikersheim das Taubertal; es ist deshalb nicht möglich, bis nach Rothenburg per Zug zu fahren. Nächstgelegener Bahnhof zu Rothenburg ist Schrozberg an eben dieser Bahnlinie; von dort sind es 16 km nach Rothenburg auf dem Burgenradwanderweg (markiert). Wer sich vor dem Start auf dem Taubertalweg noch Rothenburg ansehen möchte, hat zuvor allerdings einen Anstieg zu bewältigen, und kehrt wieder in das Tal zurück. Möglichkeit des Fahrradtransports vom 20.4.-22.10. im Zug Wertheim - Schrozberg. Zu der Fahrkarte muß eine Zusatzkarte gekauft werden. Die Räder lädt jeder selbst ein. Insgesamt recht preisgünstig (ca. DM 25 pro Person); Dauer 1 Std. 20 Min.; die Züge verkehren 2-3mal täglich.

Mit dem Radl-Bus-Service: Manfred Skazel, Am Stadtschreiber 27, 97941 Tauberbischofsheim, Tel. 0 93 41/53 95, Fax 0 93 41/78 89. Hier können sowohl Räder geliehen als auch der Rücktransport im Taubertal gebucht werden, entweder für Teilstrecken oder von Wertheim nach Rothenburg. Von Mai bis Okt. tägliche Abfahrten in Wertheim zwischen 9 und 11 Uhr. Vorherige, möglichst frühzeitige Anmeldung unbedingt erforderlich. Ca. DM 35 pro Person. Vorteil: Man wird in Rothenburg abgesetzt.

Mit dem Bus: Zwischen Ende Mai und Ende Okt. verkehrt zwischen Bad Mergentheim und Rothenburg der Bus "Romantische Straße", der auch Räder befördert. Abfahrt täglich gegen 11 Uhr in Bad Mergentheim, Hans-Heinrich Erler Platz.

Empfohlene Karte: Stöppel-Radkarte 804 "Taubertal-Radweg" (mit Info-Heft)

23

Von Rothenburg ob der Tauber nach Weikersheim

Toureninfos

 40 km.

START Rothenburg ob der Tauber, mehrere große Parkplätzean der Straße, die um die historische Altstadt herumführt.

Durchgängig markiert. Entlang der Tauber insgesamt recht bequem talabwärts, trotz gelegentlicher Anstiege. Rücktransport: Nur möglich mit dem Rad-Service Skazel, Telefon 0 93 41/53 95; rechtzeitige Anmeldung erforderlich; Preis pro Person und Rad ca. DM 20; Fahrtdauer ca. 30 Min.

Zahlreiche Gaststätten und Cafés in Rothenburg; etwas außerhalb der Stadt mit Blick auf Rothenburg Café Toppler Felsenkeller; Mühle mit Biergarten an der Tauber kurz vor Detwang; in Detwang u.a. Gasthaus Schwarzes Lamm mit Bewirtung im Freien; in Bettwar Alte Schreinerei mit Terrasse; in Tauberzell Gasthaus Falken mit Terrasse (durchgehend warme Küche); in Archshofen Gasthaus Zum Schloß, Sa/So mit Biergarten und durchgehend warmer Küche (RT Di ab 15 Uhr), etwas abseits des Radwegs; in Creglingen mehrere Gaststätten, u.a. Café/Weinstube Schloßbäck im ehemaligen Schloß, mit kleiner Terrasse (RT Mi); in Bieberehren die Speisegaststätten Adler und Krone; in Röttingen mehrere Lokale und Heckenwirtschaften; in Tauberrettersheim Gasthöfe Krone und Hirsch.

Beheiztes Freibad und Hallenbad in Weikersheim.

In Rothenburg: Reichsstadtmuseum, April-Okt. 10-17, Nov.-März 13-16 Uhr; Kriminalmuseum, April-Okt. 9.30-18, Nov.-März 14-16, März 10-16 Uhr; St. Jakobskirche, Ostern-Okt. 9-17 Uhr, sonst 10-12 und 14-16 Uhr; St. Wolfgangskirche, März-Okt. 10-12 und 14-18 Uhr; Puppen- und Spielzeugmuseum, täglich 9.30-18, Jan. und Febr. nur 11-17 Uhr. Topplerschlößchen, Fr/Sa/So 13-16 Uhr.

⏰ Detwang, St. Peter-und-Paul-Kirche, April-Mai, Mitte Sept.-Okt.
8.30-12 und 13.30-17 Uhr, Juni-Mitte Sept. bis 18 Uhr, Nov.-März
10-12 und 14-16 Uhr, im Winterhalbjahr montags geschlossen.
Creglingen, Herrgottskirche; geöffnet April-Okt. täglich 9-17 Uhr,
Nov.-März täglich 13-16 Uhr. Creglingen, Fingerhutmuseum,
April-Okt. täglich 9-18, Nov.-März täglich 13-16 Uhr.
Weikersheim, Schloß und Tauberländer Dorfmuseum s. Tour 15.

i Kultur- und Fremdenverkehrsamt, Marktplatz, 91541 Rothenburg
ob der Tauber, Tel. 0 98 61/4 04 92.

🚲 Rad und Tat, Rothenburg ob der Tauber, Bensenstr. 17, Telefon
0 98 61/8 79 84.

Der Taubertalweg, die zur Zeit beliebteste Radstrecke der ganzen Region, beginnt gleich mit einem furiosen Auftakt: mit dem mittelalterlichen Bilderbuchstädtchen Rothenburg. Weitere landschaftliche als auch kulturelle Höhepunkte folgen: die ausgesprochen reizvolle Abfahrt von dem auf der Höhe gelegenen Ferienort in das Taubertal, die beiden Riemenschneider-Altäre in Detwang und Creglingen, das nur dünn besiedelte, landschaftlich intakte obere Taubertal, das ehemalige Residenzstädtchen Weikersheim als Etappenziel - unserer Meinung nach ist die erste Etappe des Taubertalwegs die schönste.

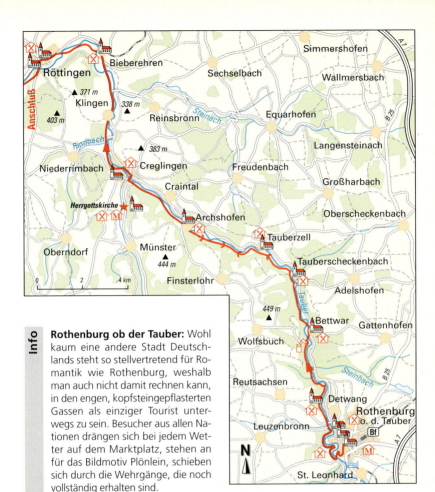

Info

Rothenburg ob der Tauber: Wohl kaum eine andere Stadt Deutschlands steht so stellvertretend für Romantik wie Rothenburg, weshalb man auch nicht damit rechnen kann, in den engen, kopfsteingepflasterten Gassen als einziger Tourist unterwegs zu sein. Besucher aus allen Nationen drängen sich bei jedem Wetter auf dem Marktplatz, stehen an für das Bildmotiv Plönlein, schieben sich durch die Wehrgänge, die noch vollständig erhalten sind.

Zwei Mauerringe umgaben im Mittelalter die Stadt, die sich aus einem zu einer Burg gehörenden Siedlung entwickelt hatte und direkt dem Kaiser unterstand, also freie Reichsstadt war mit ausgedehntem Landbesitz und hervorragender wirtschaftlicher Bedeutung. Durch die Landverteilung nach den napoleonischen Kriegen im Jahr 1803 geriet die Stadt in eine Randlage, wodurch sie ihre einstige Bedeutung verlor und städtebauliche Veränderungen wie in anderen Städten im 19. Jh. hier nicht stattfanden - zur Freude der heutigen Besucher.

Zu sehen gibt es dementsprechend viel, und man kann sich ohne Probleme, will man all die interessanten Museen besichtigen, 2 Tage in Rothenburg aufhalten, doch kann darauf hier nicht in allen Einzelheiten eingegangen werden. Wer mehr sehen möchte, sollte sich im Fremdenverkehrsamt am Marktplatz einen Stadtplan und ein kostenloses Faltblatt mit der Beschreibung eines Stadtrundgangs besorgen. Wer sich nur einen kurzen Überblick verschaffen möchte, bevor er seine Radtour antritt, sollte sich Zeit nehmen für einen Blick in die gotische St. Jakobskirche mit dem Altar von Tilman Riemenschneider, für den Marktplatz mit dem gotischen Rathaus und der Ratstrinkstube, an der die Meistertrunkuhr angebracht ist (zwischen 11 und 15 Uhr stündliche Vorführung), für das Klingentor mit der St. Wolfgangskirche, einer spätgotischen Wehrkirche mit Kasematten, Wehrgang und Zugang zur Stadtmauer, für die eindrucksvollen Patrizierhäuser in der Herrengasse.

Durch eines der Stadttore betreten wir die Altstadt von Rothenburg, wenden uns am Marktplatz (Fußgängerzone) nach links und gelangen in der Schmiedgasse, in ihrer Fortsetzung in der Spitalgasse zum stark befestigten Spitaltor, durch das wir die Altstadt verlassen.

Nach rechts (Radmarkierung Schrozberg) folgen wir der stark fallenden Straße in Richtung Langenburg in das Taubertal hinunter und biegen rechts ab auf eine gepflasterte Bogenbrücke über die Tauber. Hier stoßen wir auf die Radmarkierung "Liebliches Taubertal", der wir im weiteren Tourverlauf folgen. Talabwärts, stets mit Blick auf die Stadtbefestigung von Rothenburg, passieren wir mehrere Mühlen und das turmartige Topplerschlößchen.

> **Info** **Topplerschlößchen:** Der hohe Wohnturm (1388), der ursprünglich von Wasser umgeben und nur über eine Zugbrücke zu betreten war, diente dem einst mächtigsten Bürgermeister von Rothenburg, Heinrich Toppler, als Erholungssitz.

An einer weiteren Tauberbrücke überqueren wir eine Straße und folgen einem Wirtschaftsweg, der in das Dörfchen Detwang führt. Wir halten uns links zur Kirche St. Peter und Paul.

> **Info** Keimzelle des heutigen Rothenburgs ist eigentlich das Dorf **Detwang**, das um 800 im Tal gegründet wurde, während auf der Höhe oberhalb des Tals eine Burg erbaut wurde. Die Chorturmkirche St. Peter und Paul, Ende des 10. Jh. geweiht, ist damit die älteste Kirche Rothenburgs.

> Idyllisch liegt die kleine Kirche, deren früheste Teile, das Langhaus und der Turm, aus der romanischen Bauphase stammen, noch heute in einem befestigten Friedhof, der durch einen romanischen Torbogen betreten wird. Unweit der Kirche stehen ein aus dem 12. Jh. stammendes Schlößchen sowie Gebäude eines einstigen Herrenhofes.

> Bedeutendstes Kunstwerk in der kleinen Kirche ist der Hl.-Kreuz-Altar (um 1510) von Tilman Riemenschneider. Der Hochaltar, der im 17. Jh. von einer Rothenburger Kirche hierher gebracht wurde, stellt Szenen aus der Leidensgeschichte und der Auferstehung Christi dar. Ebenso wie der Marienaltar in Creglingen, so ist auch dieser unbemalt, ganz im Gegensatz zu den beiden Seitenaltären, die etwa zeitgleich um 1500 entstanden. Wesentlich unscheinbarer, aber nicht minder kunstvoll ist ein silbernes

Reliquienkreuz, das wohl um 1000 gefertigt und dann, zusammen mit einigen Knochensplittern, in einem Kästchen verstaut und als Reliquienschatz im frühromanischen Altartisch eingemauert wurde.

Wir verlassen den Ort, passieren einen Campingplatz und fahren auf einem Fuß- und Radweg im recht engen Tal der Tauber an dem rechts des Flusses gelegenen Ort Steinbach vorbei nach Bettwar. Der Radweg kreuzt zweimal den Fluß und führt weiter nach Tauberscheckenbach, wo sich das Tal verbreitert und die ersten Weinberge zu sehen sind. Am Ortsrand überqueren wir an einer Tauberbrücke die nach Finsterlohr führende Straße und erreichen, vorbei an der Uhlenmühle, das rechts des Flusses gelegene Tauberzell.

Hier steigen wir am Hang an, lassen auf diese Weise den Ort rechts liegen und gelangen bei einem Sägewerk an eine Fahrwegkreuzung, an der wir der Radmarkierung geradeaus folgen und wenig später auf mehrere hundert Meter Länge ansteigen. Der Radweg fällt wieder zur Talsohle und zu den ersten Häusern von Archshofen.

Archshofen: Der kleine Ort kann ein Schloß vorweisen, das nach wiederholten Zerstörungen in barocker Form wiederaufgebaut wurde. Heute kann man hier in der Gaststätte "Zum Schloß" speisen.

Geradeaus durchfahren wir das Dorf, passieren den Weiler Craintal und gelangen nach Creglingen. Am Rand des alten Stadtkerns stoßen wir auf die Straße, die nach links zur Herrgottskirche führt (Abstecher hin und zurück 2,5 km).

Creglingen: Die etwas außerhalb der Stadt stehende Kirche hat den Namen Creglingen bekannt gemacht. Erbaut wurde sie Ende des 14. Jh. als Aufbewahrungsort für eine Hostie, die an dieser Stelle beim Pflügen gefunden wurde. Genau über der Fundstelle wurde mitten im Kirchenschiff zunächst ein steinerner Altar aufgestellt. Bald wurde die Kapelle vom Papst als Wallfahrtsort geweiht. Der Verkauf von Ablaßbriefen ließ die Einnahmen steigen, und gut hundert Jahre später, um 1510, wurde der einfache Steinaltar mit einem Altaraufsatz gekrönt aus der Werkstatt des bekannten Bildschnitzers und Bildhauers Tilman Riemenschneider (1460-1531), der als einer der ersten Bildschnitzer auf die Vergoldung und Bemalung des von ihm bearbeiteten Holzes verzichtete.

Nach einer mehrjährigen Lehrzeit als Holzschnitzer und Steinbildhauer in seinem Heimatort Osterode zog Tilman Riemenschneider als Handwerksgeselle durch Süddeutschland und die Gebiete am Oberrhein, bevor er sich im Jahr 1483 in Würzburg niederließ, wo er eine Werkstatt gründete, in der zeitweilig bis zu 12 Gesellen tätig waren. Aufgrund seiner Arbeit war er ein angesehener Bürger und wurde im Jahr 1520 zum Bürgermeister gewählt.

Info

Der Altar mit den beweglichen Flügeln, auf denen Szenen aus dem Leben Marias dargestellt sind, mit den Figuren im Mittelschrein und dem reichen Rankenwerk gehört zu den bedeutendsten Werken der altdeutschen Kunst. Trotzdem lohnen auch noch einige andere Kunstgegenstände in der Kirche einen Blick: der Hochaltar und die beiden Seitenaltäre, die alle aus dem 15. Jh. stammen, sowie die Fenster im Chor und die Totenschilde aus dem 14. Jh. Bei einem Rundgang um die Kirche fällt zwischen Chor und Schiff ein Treppenturm auf mit Außenkanzel, von der aus Ablaßbriefe verkauft wurden.

Wer sich lieber mit weltlichen und alltäglichen Dingen beschäftigt, hat im **Fingerhutmuseum** gegenüber der Kirche die Möglichkeit dazu: hier zeigen Fingerhüte aus den unterschiedlichsten Materialien und aus verschiedenen Erdteilen, wie Menschen versuchen, ihre Finger beim Nähen zu schützen.

Zur Fortsetzung der Tour fahren wir in die Stadtmitte hinein, folgen der Hauptstraße zum Fluß, biegen aber unmittelbar vor der Taubertalbrücke links ab auf die Kieselallee.

Info

Creglingen, auch als "kleine Schwester Rothenburgs" bezeichnet, war im Mittelalter nach dem Vorbild von Rothenburg befestigt: mit einer teilweise doppelten Mauer, mit drei Toren und 15 Türmen, von denen noch drei erhalten sind - der Schlosserturm, der Faulturm und der Lindleinturm. Der größte Teil der Mauer wurde jedoch im 19. Jh. abgerissen. Erhalten blieben hingegen einige Fachwerkhäuser im räumlich recht begrenzten Stadtzentrum, u.a. das Lenksche Haus, die Stadtapotheke aus dem Jahr 1712, das Romschlössle, eine burgartige Anlage aus dem 15. Jh., heute Kulturzentrum, und das Stahl'sche Haus, eines der ältesten Häuser Creglingens. Dieses steht neben der Kirchenstaffel, in der Nähe des einstigen Schlosses, das im Jahr 1734 komplett umgebaut wurde. Heute kann man hier einkehren im Café Schloßbäck.

Die Kieselallee führt entlang des Flusses zum Ortsrand, wo wir der rechts abzweigenden Uhlandstraße folgen, an der Mündung eines Seitentals eine Straße überqueren und die kleine Ortschaft Klingen erreichen. Am Ortsrand folgen wir der Durchgangsstraße scharf nach rechts über die Tauber, biegen schon nach 100 m wieder links ab und steigen am Talhang einige Meter an. In bequemer Fahrt gelangen wir wieder auf den Talgrund hinunter, wo wir der im Steinachtal verlaufenden Straße nach rechts über die Steinachbrücke folgen, uns jedoch sofort wieder nach links wenden und auf der Durchgangsstraße in die Ortsmitte von Bieberehren hineinfahren.

Bieberehren: siehe Tour 17.

Am alten Rathaus folgen wir der links abzweigenden Tauberstraße zum Ortsrand, überqueren den Fluß und wenden uns an der Franzenmühle nach rechts. Zunächst am Fuß des Talhangs, dann mitten auf der Tal-

Aufgrund der malerischen Fachwerkhäuser und der komplett erhaltenen Stadtbefestigung ist Rothenburg ob der Tauber ein äußerst beliebtes Touristenziel

sohle unmittelbar entlang der Tauber passieren wir die Gossenmühle, überqueren hier den Fluß und erreichen Röttingen. Auf einer Straße neben der Durchgangsstraße, dann auf der Durchgangsstraße fahren wir bis zum schönen Fachwerk-Rathaus am Marktplatz.

Info

Auch **Röttingen** war im Mittelalter befestigt mit einer Stadtmauer und 14 Wehrtürmen, von denen immerhin noch 7 erhalten sind. Schönster Teil der Stadt ist heute der Marktplatz, auf dem vor allem das in weiß und gelb verputzte Rathaus (1750) auffällt, ein elegantes Gebäude mit Glockentürmchen. Wer sich für die Regionalgeschichte interessiert, kann während der Dienstzeiten die kleine Ausstellung im Rathaus besichtigen.

In der ursprünglich mittelalterlichen **Burg Brattenstein** werden von Mitte Juli bis Mitte August Burgfestspiele veranstaltet. An Pfingsten und Mitte Oktober wird bei Festen der heimische Wein ausgeschenkt, ebenso wie in den Heckenwirtschaften, die im März und April sowie im September und Oktober geöffnet sind..

Am Marktplatz biegen wir links ab in die Taubergasse, überqueren ein weiteres Mal die Tauber und folgen der Straße in Richtung Neubronn nur wenige hundert Meter weit, ehe rechts ein asphaltierter Fahrweg abzweigt. Kurz vor Tauberrettersheim hat die Tauber so am Talhang genagt, daß unser Weg entlang einer Felswand zu den ersten Häusern des Weinorts führt.

Info

Tauberrettersheim: In dem Weinort ist vor allem die sechsbogige Steinbrücke mit dem Brückenheiligen Nepomuk sehenswert, im Jahr 1733 vom bekannten Barock-Baumeister Balthasar Neumann erbaut.

Gleich am Ortsbeginn biegen wir an der Kelter rechts ab in die Mühlengasse, fahren auf ihr stets geradeaus am Ortsrand entlang und auf der Talsohle, vorbei an Weinbergen, bequem weiter talabwärts. Auf Höhe des rechts des Flusses gelegenen Schäftersheim passieren wir erneut eine Felswand, wenden uns wenige Meter nach Überqueren einer stillgelegten Bahnstrecke auf einer von Schäftersheim kommenden Landstraße nach links und fahren durch ein Industrie- und Gewerbegebiet bequem auf Weikersheim zu.

Der querlaufenden, stark befahrenen Mergentheimer Straße folgen wir nach links, biegen rechts ab auf die Hauptstraße und gelangen auf ihr durch ein Stadttor in die Altstadt und zum Marktplatz, wo sich der Zugang zum Schloß befindet.

Weikersheim: siehe Tour 15.

24

Von Weikersheim nach Tauberbischofsheim

Toureninfos Karte S. 138/147

 35 km

START Weikersheim, Marktplatz; großer Parkplatz am Rand der Altstadt. Anfahrt per Zug möglich. Rücktransport: Rückfahrt per Zug möglich; Zugverbindungen mehrmals täglich; Im Sommer spezielle Wagen mit Stellflächen für Räder.

Die ausgezeichnet markierte Tour verläuft zum größten Teil auf asphaltierten Wirtschafts- und Radwegen; innerörtlich auf Straßen. Sehr bequem talabwärts ohne nennenswerte Anstiege.

In Markelsheim Gasthof Kreuz mit Biergarten, Weinstube Löwen mit Höfle, Gasthaus Ochsen mit Biergarten, Hotel Lochner mit Bestuhlung auf dem kleinen Marktplatz; am Ortsende Minigolf mit Terrassencafé. In Igersheim Heckenwirt mit Biergarten; in Bad Mergentheim mehrere Gasthöfe und Cafés, u.a. mit Terrasse im äußeren Schloßhof des Deutschordensschlosses; in Edelfingen, Unterbalbach, Lauda; in Tauberbischofsheim mehrere Cafés und Gasthäuser, u.a. Turmwächter am Schloßplatz mit Biergarten.

Freizeitbad Solymar in Bad Mergentheim; Freibad und Hallenbad in Tauberbischofsheim.

Bad Mergentheim, Deutschordensschloß; geöffnet März-Okt. Di-Fr 14.30-17.30, Sa/So 10-12 und 14.30-17.30, Nov.-Febr. nur Sa/So 10-12 und 14-17.30 Uhr. Lauda, Heimatmuseum; geöffnet April-Okt. sonn- und feiertags 15-17 Uhr. Tauberbischofsheim, Museum im Kurmainzischen Schloß; geöffnet Ostern-Okt. Di-Sa 14.30-16.30, sonn- und feiertags 10-12 und 14.30-16.30.

Verkehrsamt, Marktplatz, 97999 Weikersheim, Tel. 07934/10255.

BHF Weikersheim, Tel. 0 79 34/83 15 und Fahrradfachgeschäft Seyfer, Hauptstr. 34, Tel. 0 79 34/2 97.

Diese Etappe des Taubertalwegs verläuft meist auf dem weiten, flachen Talgrund, ist also recht bequem zu fahren, da es so gut wie keine Anstiege gibt. Unterbrechungen der Fahrt und Besichtigungen bieten sich an in einem der Lokale im Weinort Markelsheim, in der Kurstadt Bad Mergentheim mit dem Freizeitbad Solymar und, am Ende der Etappe, im Fachwerkstädtchen Tauberbischofsheim.

Den Marktplatz in der Altstadt von Weikersheim verlassen wir auf der Hauptstraße (Einbahnstraße), folgen der Laudenbacher Straße nach rechts in Richtung Künzelsau und biegen 50 m nach Überqueren der Bahngleise rechts ab in die Straße Im Egelsee. Entlang der Bahnlinie, dann entlang der Tauber gelangen wir auf dem Talgrund bzw. um wenige Meter erhöht am Hang - hier fallen zahlreiche Steinriegel auf, die sich den Hang hochziehen - nach Elpersheim. Im Ort wenden wir uns auf der Ortsdurchfahrt, der Deutschordenstraße, nach rechts, überqueren den Fluß und biegen links ab in die Alte Taubertalstraße, die durch eine Wohnsiedlung führt. Ein für den KFZ-Verkehr gesperrter Fahrweg führt zwischen Obstwiesen hindurch und an ausgedehnten Weinbergen vorbei in den Weinort Markelsheim.

Markelsheim: siehe Tour 15

Entlang des kanalisierten Dorfbachs folgen wir nach links der Hauptstraße auf den netten Marktplatz, wo wir rechts abbiegen in die Scheuerntorstraße und leicht ansteigen zum Ortsrand. Hier passieren wir die Winzergenossenschaft, fahren wieder auf die Talsohle hinunter und, mit Blick auf die Burgruine Neuhaus, nach Igersheim.
Nach rechts gelangen wir über die Tauberbrücke an den Rand des Ortskerns, wenden uns aber sofort nach links in die Herrenwiesenstraße, die entlang der Bahnlinie unter der Straßenbrücke der B 19, Bad Mergentheim - Würzburg, hindurchführt. Auf einem asphaltierten Wirtschaftsweg erreichen wir die Bad Mergentheimer Sportanlagen, halten uns am rechten Rand einer Parkanlage zunächst geradeaus , folgen dann einem Fuß- und Radweg nach links über die Tauber. Parallel zur Bundesstraße fahren wir am Rand des Schloßgartens entlang, gelangen in der rechts abzweigenden Kapuzinerstraße zum Deutschordensschloß und durch die Fußgängerzone Burgstraße nach links auf den Marktplatz.

Bad Mergentheim: siehe Tour 15.

Nach rechts durch die Straße Ledermarkt, über den Gänsmarkt und wieder nach rechts in die Härterichstraße, dann überqueren wir nahe des Bahnhofs die Gleise und erreichen, stets geradeaus, eine Tauberbrücke. Auf der am anderen Flußufer verlaufenden, für den KFZ-Verkehr gesperrten Edelfinger Straße halten wir uns links und verlassen die Stadt. Ein Wirtschaftsweg neben der B 290, Bad Mergentheim-Tauberbischofsheim, führt nach Edelfingen.

Im Ort überqueren wir die Bundesstraße, folgen der Alten Frankenstraße durch den Ort. An der querlaufenden Theobaldstraße wenden wir uns nach links, biegen nach 30 m rechts ab in die Tauberstraße und halten uns an einer Weggabelung an der Tauber erneut nach rechts. Sehr bequem gelangen wir mitten auf der breiten Talsohle zu einem Wohngebiet von Unterbalbach, wo wir uns nach links wenden, auf einer Holzbrücke den Fluß überqueren und bei Königshofen auf die B 292, Königshofen - Boxberg, stoßen.

Einem Radweg entlang der Straße folgen wir 100 m nach links, biegen unmittelbar vor den Bahngleisen rechts ein in die Eisenbahnstraße und passieren den Bahnhof. Entlang der Gleise erreichen wir die ersten Gewerbebetriebe von Lauda und, stets geradeaus, die Verbindungsstraße zwischen Lauda und der auf der anderen Talseite verlaufenden B 290. Hier halten wir uns nach links, unterqueren die Bahngleise und biegen sofort rechts ab.

Lauda: siehe Tour 20.

Am Rand der Altstadt stoßen wir bei der Stadtkirche auf eine Straßenkreuzung, an der wir uns nach rechts wenden und entlang der Gleise Lauda wieder verlassen. Wenig später überqueren wir die Gleise, halten uns nach 200 m wieder links und fahren auf einem nahezu schnurgeraden Wirtschaftsweg bequem talabwärts. Distelhausen bleibt rechts liegen, und nach Unterqueren der Autobahnbrücke (A 81, Heilbronn - Würzburg) gelangen wir zum Weinort Dittigheim.

Info

Bei der Erschließung eines Neubaugebiets wurden in **Dittigheim** Ende der 70er-Jahre zahlreiche Gräber entdeckt. Die ältesten stammten aus der Jungsteinzeit (um 2000 v. Chr.), die jüngsten aus der Merowingerzeit (5.-8. Jh. n. Chr.), insgesamt die größte Nekropole Süddeutschlands. Die Fundstücke sind im Tauberfränkischen Landschaftsmuseum in Tauberbischofsheim ausgestellt.

Hier entwickelte sich ab dem 5. Jh.eine Siedlung. Heute steht an der Stelle einer romanischen Kirche eine vom berühmten Barockbaumeiser Balthasar Neumann entworfene Barockkirche (1748). Die Deckenmalerein stellen Szenen aus dem Leben des Hl. Veit dar, dem Schutzpatron der Kirche.

Stets geradeaus fahren wir am Ortsrand entlang, überqueren vor dem Stadtrand von Tauberbischofsheim kurz nacheinander die B 27, Walldürn - Würzburg, und den Brembach, ehe wir von der Hauptstraße rechts abbiegen in die historische Altstadt von Tauberbischofsheim.

Tauberbischofsheim: siehe Tour 21.

25

Von Tauberbischofsheim nach Wertheim

Toureninfos   Karte S. 147

 31 km

START Tauberbischofsheim, Parkplatz im Wörtgrund außerhalb der Altstadt oder am Bahnhof, dort ist allerdings der Kauf einer Parkkarte für Bahnreisende notwendig.
Rücktransport: Zugverbindungen Wertheim - Tauberbischofsheim mehrmals täglich; im Sommer spezieller Wagen mit Stellfläche für Räder.

Durchgängig markierte Tour, die recht bequem entlang der Tauber talabwärts führt; mehrere kurze, meist leichte Anstiege. Vor allem auf asphaltierten Wirtschaftswegen, streckenweise auch auf befestigtem Forstweg; nur innerörtlich auf Straßen.

In Hochhausen Gasthof Schwarzer Adler mit Biergarten; in Werbach Landgasthof Drei Lilien (RT Do); in Niklashausen Gasthaus Hirsch mit Biergarten (RT Mo und Di, nachmittags geschlossen); Radlerstüble mit Biergarten direkt am Weg (RT Mo); in Gamburg Gasthaus Grüner Baum mit Biergarten (RT Mo); in Bronnbach Gasthof Klosterhof mit Biergarten (kein RT); in Waldenhausen Gasthof Krone mit Garten (RT Mo); in Wertheim mehrere Cafés und Gasthäuser. u.a. Goldener Adler mit Biergarten.

Hallenbad in Wertheim

Bronnbach, Führungen (erst ab 6 Pers.) in der Kirche und im Kreuzgang April-Okt. 9.15-11.15 und 14-16.30 Uhr, Dauer ca. 30 Min.; Museum in der ehemaligen Kelter jederzeit zugänglich. In Wertheim: Glasmuseum, April-Okt. Di-So 10-12 und 14-16; Historisches Museum, Di-Fr. 9.30-12 und 14-16.30, Sa/So 14.30-17 Uhr.

i Fremdenverkehrsamt im Rathaus, Marktplatz 8, 97941 Tauberbischofsheim, Tel. 0 93 41/8 03 13. Tourist-Information, Am Spitzen Turm, 97877 Wertheim, Tel. 0 93 42/10 66 oder 10 67.

🚲 BHF Tauberbischofsheim, Tel. 0 93 41/22 19 und 2-Rad-Esser in Tauberbischofsheim, Würzburger Str. 8, Tel.0 93 41/51 18.

Vom Marktplatz in Tauberbischofsheim aus schieben wir unsere Räder durch die Hauptstraße (Fußgängerzone) zum flußseitigen Rand der Altstadt. Auf der Schmiederstraße, der Altstadtumgehung, halten wir uns links, biegen wenig später rechts ab auf die Pestalozzi-Allee und folgen einem Rad- und Fußweg neben der Straße durch ein ausgedehntes Industrie- und Gewerbegebiet in Richtung Hochhausen.

Sehr bequem fahren wir auf der Sohle des Taubertals dahin, halten uns, entsprechend der Radmarkierung des Taubertalwegs, kurz vor Hochhausen etwas nach rechts zum Ortsrand, wenden uns bei den ersten Häusern wieder nach links und durchfahren auf der Rathausstraße den Ort. Auf Höhe von Werbach gelangen wir an die Tauber, halten uns aber unmittelbar vor der Tauberbrücke geradeaus. Entlang der mäandernden Tauber fahren wir im hier noch sehr breiten Tal bequem talabwärts und sind überrascht, nach einer Linkskurve plötzlich eine Engstelle des Tals vor uns zu haben: Die bewaldeten Talhänge rücken so dicht zusammen, daß neben dem Fluß gerade noch genügend Raum ist für die Bahnline, die Straße und unseren Weg. Nach etwa 2 km weitet sich das Tal ein wenig und wird auf Höhe des am anderen Ufer gelegenen Dorfes Niklashausen wieder wirklich breit.

Niklashausen: siehe Tour 21.

Vorbei am recht einsam gelegenen Bahnhof von Niklashausen und, einige hundert Meter später, vorbei an dem wohl speziell wegen der zahlreichen Radfahrer eingerichteten "Radlerstüble" fahren wir auf Gamburg zu, dessen Schloß schon von weitem zu sehen ist. Nach einer Bahnunterführung erreichen wir den Ortsrand und fahren geradeaus durch Gamburg.

Gamburg: siehe Tour 21.

Wir verlassen kurz nach der Dorfmühle die Straße Gamburg - Külsheim nach rechts und fahren entlang der Tauber recht bequem talabwärts.

Idyll am Weg: Pforte im Kloster Bronnbach

Etwa 2,5 km nach Gamburg stoßen wir am flachen Talhang auf einen querlaufenden Weg. Nach links (!) steigen wir am Waldrand 200 m weit an, ehe wir wieder, entlang des Waldrands, weiter talabwärts radeln. An der Einmündung eines engen, bewaldeten Seitentals passieren wir eine Rasthütte und steigen kurzzeitig an zu einem befestigten Forstweg. In insgesamt bequemer Fahrt fahren wir einige Meter oberhalb der Tauber talabwärts und stoßen auf die Straße Külsheim - Bronnbach, auf der wir nach wenigen hundert Metern eine alte Tauberbrücke und das am rechten Flußufer gelegene Kloster Bronnbach erreichen.

Kloster Bronnbach: siehe Tour 22.

Nach der Besichtigung des Klosters kehren wir an das linke Flußufer zurück und steigen kurz vor dem Bahnhof Bronnbach an einem Parkplatz auf einem asphaltierten Fahrweg steil an, halten uns nach 200 m an einer Gabelung rechts und gelangen, jetzt wieder auf einem befestigten Weg, auf die Talsohle hinunter. An der Einmündung des Schönertsbachs passieren wir eine Rasthütte, unterqueren die Bahnlinie Wertheim - Crailsheim und gelangen nach Reicholzheim.

An der Tauberbrücke mündet unser Weg in die nach Sachsenhausen führende Straße. Wir halten uns links, biegen aber schon nach 100 m rechts ab in die Straße Zum Ottersberg, die am Ortsende in einen asphaltierten Weg übergeht. Entlang der Bahngleise passieren wir einen Campingplatz und steigen einige Minuten später kurz an nach Waldenhausen. Geradeaus fahren wir durch das Dorf hindurch und zur etwas außerhalb stehenden Wehrkirche, deren Turm aus dem 13. Jh. stammt, fahren an zahlreichen Gemüsegärten vorbei und steigen am Talhang kurzzeitig an. Jetzt oberhalb der Bahnlinie erreichen wir - in Fahrtrichtung sehen wir die mächtige Schloßruine, die auf einem Bergsporn über der Stadt Wertheim sitzt - die ersten Häuser von Wertheim, halten uns stets geradeaus und stoßen kurz vor der Einmündung der Tauber in den Main auf die Tauberbrücke, über die wir in die historische Altstadt gelangen.

Info

Wertheim: Von weitem schon ist die Burgruine zu sehen, die Wertheim überragt: eine eindrucksvolle Fassade aus Sandstein, ein mächtiger Bergfried, eine turmbewehrte Mauer - insgesamt eine der größten Steinburgen Deutschlands. In der ersten Hälfte des 12. Jh., was den Burgenbau anbetrifft also recht früh, ließen sich die Grafen von Wertheim auf der Erhebung zwischen Main und Tauber diese Burg errichten. Hier, so glaubten sie, waren sie besser vor Angriffen geschützt als auf der rechten Mainseite direkt am Fluß, im heutigen Kreuzwertheim. Und doch wurde die Burg im 30jährigen Krieg zweimal so schwer beschossen, daß sie danach nicht mehr benutzt wurde.

Am Fuß des Schloßbergs entwickelte sich im 12. Jh. eine Siedlung, die genauso stark befestigt war: 18 Türme bewachten die Stadt. Der Spitze Turm an der Mündung der Tauber in den Main ist ein Rest dieser mittelalterlichen Befestigung. Mittelalterlich ist auch bis heute das Stadtbild, was der Tatsache zu verdanken ist, daß zu Beginn des 19. Jh. Napoleon, als er das Land neu aufteilte, um kleinste Herrschaftsgebiete aufzuheben, den Main zur Grenze zwischen Bayern und Baden erklärte.

Dies bedeutete, daß Wertheim sich plötzlich in einer Grenzlage befand und folglich bei der beginnenden Industrieansiedlung einfach etwas vergessen wurde. So bestand nie die Notwendigkeit, den Stadtkern zu erweitern oder zu verändern. Heute bestaunen nun Touristen die engen Gassen mit den ehemaligen Patrizierhäusern und prächtigen Fachwerkhäusern.

Die schönsten stehen um den Marktplatz, in der Münzgasse und in der Rathausgasse. Beachtenswert sind vor allem das schmale Zobelhaus (16. Jh.), geschmückt mit Wappen und Fratzen; der verwinkelte Gebäudekomplex, in dem bis 1988 die Stadtverwaltung untergebracht war und heute das Grafschaftsmuseum eingerichtet ist; das Haus "Zu den vier Gekrönten" (16. Jh.) mit den Kragsteinen, die die mittelalterlichen Schutzheiligen der Steinmetze darstellen, und die Häuser um den Engelsbrunnen (1574), einen Ziehbrunnen mit schönem Figurenschmuck.

Dort steht auch die Stiftskirche (1384), eine dreischiffige spätgotische Basilika, in deren Chor sich Grabmäler der Grafen von Wertheim befinden. Ungewöhnlich sind die Uhren auf dem Glockenturm: die eine, dem Marktplatz zugewandt, hat ganz normal zwei Zeiger, die andere hingegen, die der Burg zugewandt ist, hat nur einen Stundenzeiger. Nicht übersehen sollte man die benachbarte spätgotische Kilianskapelle (1469), die als eine der schönsten gotischen Kapellen Deutschlands gilt. Im Untergeschoß des zweigeschossigen Baus wurden früher die Gebeine Verstorbener aufbewahrt.

Ein schöner Abschluß der Tour ist eine Tasse Kaffee in einem der Straßencafés oder ein Glas Frankenwein in einer der Weinstuben.

Zum Radfahren auf dem Taubertal-Radweg empfehlen wir:

        Stöppel-Radkarte 804 "Taubertal-Radweg"
        (mit Begleitbuch und Karte 1:100.000)
        ISBN 3-89306-804-X

Weitere Radwanderwege in der Region

Main-Tauber-Fränkischer Rad-Achter
Länge: 300 km.
Start: Lauda-Königshofen im Taubertal
Tourencharakter: Markierte Strecke in Form einer 8, wodurch zwei Rundtouren entstehen, so daß die Tour ohne Schwierigkeiten halbiert werden kann.

Auskunft: Touristikgemeinschaft "Liebliches Taubertal", Postfach 12 54, 97932 Tauberbischofsheim, Tel. 0 93 41/82-0; ausführliches Material mit Übersichtskarte, Streckenbeschreibung, Einkehrmöglichkeiten.
Radverleih: BHF Lauda, Tel. 0 93 43/76 81.

Kocher-Jagst-Radweg
Länge: 310 km
Start/Tourencharakter: Da es sich um eine markierte Rundstrecke handelt durch die Täler von Jagst- und Kocher, die parallel zueinander verlaufen und unweit voneinander in den Neckar münden, ist ein Start überall möglich. Wir würden empfehlen, von Jagstfeld (Bahnstation), das im Neckartal liegt, zunächst entlang des Kochers talaufwärts zu fahren, dann im Jagsttal abwärts.

Auskunft: Touristik-Gemeinschaft Neckar-Hohenlohe-Schwäbischer Wald, Am Markt 9, 74523 Schwäbisch Hall, Tel. 07 91/7 51-3 85. Faltblatt mit Streckenverlauf.
Radverleih: Zweirad-Zügel, im Zentrum von Schwäbisch Hall, Tel. 07 91/ 8 90 66.

Weitere markierte Rundtouren in Hohenlohe
Romantiktour, Länge 95 km, Start in Schwäbisch Hall;
Limpurg-Tour, Länge 117 km, Start in Vellberg;
Hohenlohe-Tour, Länge 100 km, Start in Blaufelden;
Wälder-Tour, Länge 85 km, Start in Crailsheim.

Auskunft: Fremdenverkehrsgemeinschaft Hohenlohe, Allee 17, 74653 Künzelsau, Tel. 0 79 40/18-2 06. Kurzbeschreibungen der einzelnen Touren erhältlich.

Überregionale Radwege

Streckentouren, die durch das Gebiet Taubertal/Hohenlohe führen:
Burgen-Weg, Länge 107 km, Heilbronn - Rothenburg
Auskunft: Arbeitsgemeinschaft "Die Burgenstraße", Rathaus, 74072 Heilbronn, Tel. 0 71 31/56 22 71.
Hohenlohe-Ostalb-Weg, Länge 142 bzw. 155 km, Rothenburg - Ulm

Auskunft: Prospektservice Baden-Württemberg, Postfach 2002, 75013 Bretten. Umfangreiche Broschüre mit skizziertem Wegverlauf.

Karten

Für die Region Hohenlohe - Taubertal gibt es mehrere Karten:

1) Topographische Karten des Landesvermessungsamts Baden-Württemberg,
1:50.000, mit Rad- und Wanderwegen

Blatt 11, Wertheim / Bad Mergentheim
Blatt 12, Schwäbisch Hall / Crailsheim
Blatt 28, Naturpark Schwäbisch - Fränkischer Wald
Blatt 31, Odenwald - Südost.

2) Radwanderkarte 1:100.000, Hrsg. Landesvermessungsamt Baden-Württemberg

Blatt 56, Ostalb
Blatt 57, Tauber - Hohenlohe.

3) RV - Rad-und Wanderkarte 1: 50.000

Blatt 11659, Hohenlohe, Ellwanger Berge, Jagsttal, Virngrund.

4) Stöppel-Radkarte 804 "Taubertal-Radweg" 1:100.000
(mit Info-Heft)

Register

A
Achatius-Kapelle 120
Adolzhausen 86, 88
Ahorn 81
Ailringen 102
Altkrautheim 71, 73
Amlishagen 44
Archshofen 137, 141
Atzenrod 92, 99
Aub 105

B
Bächlingen 10, 49, 54, 100
Bad Mergentheim 91, 93,
    100, 104, 117, 136
Baldersheim 105, 108
Bartenstein 86
Beimbach 53
Bergkirche 112
Berndshofen 102
Bernhardtsmühle 20
Berolzheim 81, 84
Bettwar 137
Beuerlbach 37, 38, 43
Bieberehren 105, 106,
109, 137, 142
Bieringen 72
Billingsbach 92, 99
Binselberg 52
Blaubach 44, 46
Bölgental 42
Boxberg 81, 84
Brettheim 44, 47
Bronnbach 130, 149
Buch 36
Buchenbach 100
Bühler 34
Bühlertal 32, 36
Burg Brattenstein 144
Burg Neuhaus 116
Burgerroth 106

C
Cappel 18
Crailsheim 37, 43
Creglingen 9, 105,
    137, 141, 142

D
Detwang 9, 137

Dittigheim 148
Dörlesberg 132
Dörzbach 70, 71, 74,
    100, 102, 103

E
Eberbach 56, 100
Edelfingen 145
Edelmannshof 68, 77
Eiersheim 124
Elpersheim 96, 146
Elpershofen 54
Eltershofen 26, 28
Engelhardshausen 47
Enslingen 26, 28
Ernsbach 67, 69
Erpfersweiler 98
Ettetal 86, 89, 90
Eubigheim 81, 85

F
Feßbach 60, 61
Forchtenberg 66, 67, 69
Friedrichsruhe 12, 16
Fuchshof 109

G
Gaggstatt 37, 41
Gailenkirchen 26, 29
Gamburg 124, 149
Ganertshausen 90
Gaugshausen 33
Gerabronn 49, 52
Gerlachsheim 118
Goldbach 22
Gottwollshausen 26, 29
Gröningen 37, 38, 42
Großaltdorf 32, 33
Großforst 54
Grünsfeld 118
Grünsfeldhausen 118

H
Haag 61
Haagen 26, 28, 97, 113
Hachtel 115
Hagenmühle 81, 85
Haller Ebene 32
Heimhausen 100, 102
Herbertshausen 44, 47
Herbsthausen 86, 89

Hermersberg 60, 64
Herrgottskirche 141
Hessenau 49, 54
Hochhausen 124, 149
Hohebach 100, 102
Hohenlohe 8
Hohenloher Land 7
Hohrain 21
Hollenbach 86
Hollenbacher See 86
Hundheim 132
Hürden 54

I
Igersheim 136, 145
Ilshofen 32
Ingelfingen 60, 61, 65

J
Jagst 7, 39, 66, 72,
    74, 77, 91, 102
Jagsthausen 75, 76,
    77, 79
Jagstrot 36
Jagsttal 37, 50, 53, 56,
    70, 75, 80, 93, 100

K
Kemmeten 60, 64
Kirchberg 37, 40, 49, 53
Kleinbrettheim 44
Klepsau 71, 74
Klingen 142
Klopfhof 90
Kloster Bronnbach 130, 133
Kloster Frauental 105
Kloster Schöntal 70, 71, 72
Kocher 7, 12, 28, 77
Kochertal 60, 64, 66
Königheim 124
Königshofen 148
Krautheim 71, 73
Krensheim 118
Kubach 61
Kühnhard 48
Külsheim ·130, 132
Kunigundenkapelle 106
Künsbach 60, 61
Künzelsau 60, 65
Künzelsau-Haag 60
Kupfer 63, 69

156

Kupferzell 60, 62
Kupferzeller Ebene 60

L

Langenburg 49, 56, 59, 91, 93, 99, 100
Lauda 118, 145
Laudenbach 92, 97, 110, 113
Lauramühle 49, 53
Lendsiedel 49, 53
Lentersweiler 98
Leofels 53
Lobenhausen 40

M

Madonnenland 130
Maisenhälden 77
Markelsheim 92, 95, 145
Marlach 71, 73
Michelbach 18, 24, 49, 52, 56, 59
Mistlau 37, 40
Mittlerer Pfitzhof 77
Möckmühl 75
Möhrig 13
Mulfingen 100, 102
Musdorf 48

N

Nagelsberg 65
Neuenstein 8, 18, 20, 21
Neuhof 68
Neumühlsee 18, 20, 22
Niedernhall 60, 61, 64
Niedersteinach 109
Niederstetten 8, 86, 87, 90, 92, 93, 97, 110
Niklashausen 124, 129, 149

O

Obereppach 21
Obermaßholderbach 16
Obermünkheim 29
Oberohrn 24
Oberscheffach 32, 36
Obersteinbach 24
Oberstetten 92, 98
Oberwittighausen 118
Öhringen 12, 16, 20, 25
Ohrn 12, 20, 24, 25
Ohrnberg 12, 13
Olnhausen 75, 80

P

Pfahlbach 16
Pfedelbach 25
Pfitzhof 76
Pfitzingen 112

R

Reicholzheim 133, 152
Reinsberg 36, 44
Reinsbürg 47
Rengershausen 100, 103
Reubach 44, 47
Rot am See 44, 48
Rothenburg o.d. Tauber 9
Rothenburg ob der Tauber 137, 139
Röttingen 137, 144
Ruchsen 80

S

Sachsenhausen 130
Satteldorf 42
Schießhof 12, 14
Schillingstadt 81, 84
Schleierhof 67
Schloß Bartenstein 90
Schloß Ludwigsruhe 58
Schrozberg 92, 98
Schwabhausen 81, 84
Schwäbisch Hall 26, 27, 29, 30, 32
Seebach 48
Sichertshausen 90
Sigismund-Kapelle 120
Sigisweiler 98
Sindringen 12, 66, 67
Stöckenburg 33
Stuppach 100, 104, 115, 117
Stuppacher Madonna 9, 100, 114
Sulzdorf 32

T

Talheim 32
Tauber 91, 95
Tauberbischofsheim 124, 145
Tauberrettersheim 137, 144
Tauberscheckenbach 141
Taubertal 7, 92, 93, 101, 105, 109, 114, 116
Tauberzell 137, 141

Tiefenbach 37, 39
Tiroler See 66, 67
Topplerschlößchen 140

U

Uiffingen 81, 85
Ulrichsberg 64
Unterbalbach 145
Untereppach 21
Untermünkheim 26, 28
Unterohrn 13
Unterregenbach 56, 100
Unterscheffach 36

V

Vellberg 32, 34
Vorbachtal 86, 92, 97, 110
Vorbachzimmern 92, 97

W

Wachbach 115
Waldberg 69
Waldenburg 18, 20, 21
Waldenburger Berge 20
Waldenhausen 130, 149
Waldmannshofen 105
Waldzimmern 60, 64
Wallfahrtskap. Neusaß 68
Wallfahrtskapelle St. Wendel zum Stein 102
Wallfahrtskirche St. Anna 102
Weckelweiler 53
Weckrieden 28
Weikersheim 8, 92, 93, 96, 110, 111, 113, 137
Werbach 124, 149
Wertheim 130, 149, 152
Westernhausen 71, 72
Widdern 75, 80
Winzenhofen 73
Wölchingen 81, 85
Wollmershausen 40

Z

Zaisenhausen 89, 90
Züttlingen 75, 76

Radwege-Karte

ISBN 3-89306-802-3 DM 16.80   ISBN 3-89306-803-1 DM 16.80

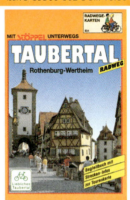
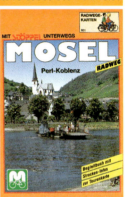

ISBN 3-89306-807-4 DM 17.80   ISBN 3-89306-804-x DM 16.80   ISBN 3-89306-801-5 DM 16.80

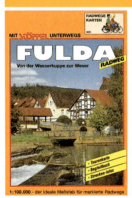

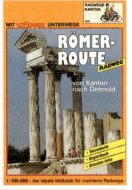

ISBN 3-89306-806-6 DM 16.80   ISBN 3-89306-805-8 DM 17.80   ISBN 3-89306-808-2 DM 16.80

Radwander-Bücher

ISBN 3-924012-02-4 DM 24.80   ISBN 3-924012-46-6 DM 24.80

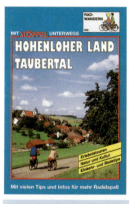

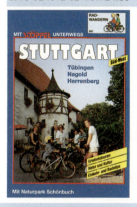

ISBN 3-89306-069-3 DM 24.80   ISBN 3-924012-92-X DM 24.80   ISBN 3-924012-93-8 DM 24.80

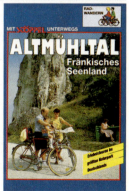

ISBN 3-924012-89-X DM 24.80   ISBN 3-924012-72-5 DM 24.80   ISBN 3-924012-69-5 DM 24.80

Radwander-Bücher

ISBN 3-924012-40-7 DM 24.80   ISBN 3-924012-71-7 DM 26.80

ISBN 3-924012-82-2 DM 24.80   ISBN 3-924012-83-0 DM 24.80   ISBN 3-89306-023-5 DM 24.80

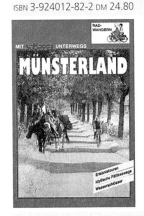

ISBN 3-924012-73-3 DM 26.80   ISBN 3-924012-57-1 DM 24.80   ISBN 3-924012-47-4 DM 24.80